u »Geboren 1999« im Unterricht

Inhaltsangabe

u.1

Dramatisch und spannend schildert Charlotte Kerner in »Geboren 1999« die Suche des Karl Meiberg, der von jedem nur »Kalter Karl« genannt wird, nach seinen Eltern. Nach und nach wird deutlich, dass die Frage nach den Eltern nicht so eindeutig und einfach klärbar ist. Die Leserinnen und Leser begleiten Karl bei seiner Suche, die in einen fast undurchdringlichen Gensumpf führt und Karl in vielschichtige Auseinandersetzungen mit sich und anderen bringt. Karls Geschichte ist eine Geschichte aus der Zukunft, die mittlerweile erschreckend nahe an die Gegenwart herankommt.

Karl ist seit fast vier Wochen verschwunden. Die 44-jährige Journalistin Franziska Dehmel schreibt kurz vor Silvester 2016 Karls Geschichte auf in der Hoffnung, dass er sie liest und zurückkommt. Am 19.01.2016, vor knapp einem Jahr, begegnen sich die beiden zum ersten Mal. Karl ist adoptiert und sucht nach seinen genetischen Eltern. Im Bürgerzentrum der Stadt Herbeck, das verpflichtet ist, über die genetische Abstammung Auskunft zu geben, stößt Karl auf etwas Merkwürdiges. In seiner Abstammungsurkunde ist nicht sein eigentliches Geburtsdatum, der 5. Februar 1999, eingetragen, sondern der 15. November 1999. Weitere Auskünfte sind nur mit Sondergenehmigung und Zustimmung der Adoptiveltern zu erhalten. Aus diesem Grund wendet sich Karl an Franziska, die ihm helfen soll. Die Journalistin wittert schnell eine Geschichte und beschließt, die Story zu verfolgen. Sie ist es auch, die Karl mit Informationen rund um das Thema Gentechnik versorgt. Außerdem stellt sie Kontakt zu Dagmar Bruhns, der Vorsitzenden des Anti-Gen-Büros, her. Anti-Gen nennt sich eine Gruppe, die sich zusammengeschlossen hat, um sich dem »Gen-Schutz«, den Rechten der Menschen an ihren Genen, zu widmen. Mithilfe von Franziska und der Anti-Gen-Gruppe findet Karl heraus, dass er ein IVF-Kind ist, bei dem die Befruchtung künstlich stattfand. Sein genetischer Vater hat Samen für Geld und seine genetische Mutter das Ei zu Forschungszwecken gespendet. Dann wurde Karl zur Adoption freigegeben. Dies führt jedoch zu verschiedenen Fragen: Warum eine künstliche Befruchtung zweier fremder Menschen, wenn er noch dazu zur Adoption freigegeben wird? Und in wessen Gebärmutter ist Karl neun Monate lang aufgewachsen? Die Suche führt die Gruppe um Karl zu einer Klinik und dem Namen Professor Wald. Anti-Gen versucht durch einen Arzt und einen Hacker, an weitere Informationen zu gelangen. Parallel dazu entfernt sich Karl immer mehr von seiner Freundin Sarah und seinen sozialen Eltern Anna und Dietrich. Dies spitzt sich so weit zu, dass Karl sich sowohl mit Sarah als auch mit seinen Adoptiveltern überwirft. Einzig von Franziska fühlt er sich mittlerweile verstanden.

Erst zu spät bemerkt Franziska, wie sehr das alles den nach außen hin »kalt« wirkenden Karl aufgewühlt und mitgenommen hat. Schließlich findet Anti-Gen heraus, dass Karl der erste Mensch ist, der völlig künstlich herangewachsen ist. Nach der künstlichen Befruchtung verbrachte er die kompletten ersten neun Monate seines Lebens in einer künstlichen Gebärmutter. Am 2. Dezember informiert Franziska Karl darüber. Daraufhin sucht er umgehend seine »Maschinenmutter« in der Klinik von Professor Wald auf. Durch eine Scheibe beobachtet er seine »Mutter«. Er fühlt sich völlig verlassen und alleine, sodass er zum ersten Mal in seinem Leben weinen muss und kann.

Nach einem kurzen Anruf bei Franziska verschwindet Karl. Weder seine sozialen Eltern noch Sarah oder Franziska haben seitdem etwas von ihm gehört. Nun schreibt Franziska all das für »Die Woche« auf und hofft, dass sich Karl nach dem Lesen seiner eigenen Geschichte bei ihr meldet. Indem Franziska den richtigen Titel, »Geboren 1999«, findet, endet der Roman. Ob Karl wirklich zurückkommt, bleibt offen.

U.2

Didaktisches Profil des Romans

Das didaktische Potenzial des Romans als Unterrichtslektüre liegt in der Verknüpfung von vertrauten, assimilativen und eher neuen, akkomodativen Aspekten*. Vertraute Charakteristika des Textes sorgen dafür, dass die Schüler/innen von sich aus einen Zugang zum Text finden können und dass Anknüpfungsmöglichkeiten für eine eigene Textdeutung vorhanden sind (Assimilation). Dieser Aspekt betrifft das lesefördernde Potenzial. Neue, zusätzliche Anforderungen, die der Text an ein Verstehen der Schüler/innen stellt, betreffen eher den Bereich des literarischen Lernens. Im Überblick lässt sich das didaktische Profil von »Geboren 1999« folgendermaßen skizzieren:

* Vgl. Rank, Bernhard (2005): Leseförderung und literarisches Lernen. In: Lernchancen, 8. Jg., H. 44, S. 4–9.

Dimension des Textes	Das Vertraute: Möglichkeit zur Assimilation (Leseförderung)	Das Neue: Notwendigkeit zur Akkomodation (literarisches Lernen)
Wirklichkeitsbezug	Science-Fiction	Vermischung von Realität und Science-Fiction
	Realer Hintergrund	
Thematik	Identitätssuche	Reproduktionsmedizin
	Pubertät	Grenzen der Technik
	Innere Distanz zu den Eltern	Verantwortung/Ethik
	Mut	Geschlechterrollen
	Recht und Gerechtigkeit	
Figuren	Identifikationsangebote für Mädchen und Jungen, v. a. Karl, Sarah, Franziska, Dagmar Bruhns	Empathie mit ambivalenten Figuren, v. a. Karls Eltern
	Unsympathische Figuren, v. a. Prof. Wald	
Sprache/Stil	Spannungsbögen	Stilunterschiede je nach Textart
	Äußere und innere Handlung	Fachtermini
	Dialoge	Metaphorik
	Jugendsprache/Umgangssprache	Symbolik
Literarische Formelemente/ Erzählkonzept	Begrenztes Figurenarsenal	Rückblickende Darstellung der Ereignisse
	Lineares Erzählen	Keine Kapitelüberschriften
	Auktoriales Erzählen	Mischung verschiedener Textsorten
		Selbstreflexive Einschübe
		Zeitraffung und Zeitsprünge
		Offener Schluss
		Nachwort der Autorin
		Glossar

Insgesamt lässt sich damit eine gelungene Mischung aus lesefördernderm Potenzial und Notwendigkeiten zur »Akkomodation« bestehender Verstehensschemata ausmachen. »Geboren 1999«, das ist anspruchsvolle und zugleich spannende und bewegende Lektüre. Charlotte Kerners Roman lässt sich besonders gut in den Klassenstufen 8–10 behandeln. Aufgrund der Thematik, des Erzählkonzepts und der Sprache des Buches erscheint es uns nicht nur möglich, sondern auch angebracht, den vorliegenden Unterrichtsvorschlag in allen Schularten der Sekundarstufe I und auch in der Sekundarstufe II zu verorten. Die Integration von fächerübergreifenden Aspekten (v.a. Biologie, Ethik, Religion) bietet sich an.

Literarisches Profil des Romans

u.3

Der Roman zählt 152 Seiten, enthält ein Nachwort der Autorin und ein Glossar, das die Grundlagen der Gentechnik im Hinblick auf die Fortpflanzung erläutert. Umrahmt von einem Prolog und einem Epilog wird die Suche Karls nach seiner Herkunft geschildert. Die Suche gliedert sich in drei Teile und wird durch verschiedene Einschübe unterbrochen und ergänzt.

Im Prolog erzählt der auktoriale Er-Erzähler, wie Karl zum ersten Mal die »Muttermaschine« sieht. Der Leser ist also sofort unmittelbar in das Geschehen integriert und erfährt erst nach zwei Seiten, nun aus der Perspektive der Journalistin Franziska Dehmel, die diese Begegnung geschrieben hat, dass dieses Zusammentreffen im Ablauf von der Journalistin erfunden wurde (S. 7). Sie nennt diese Szene »Wiedersehen« und beginnt mithilfe ihrer Recherchen und Karls Tagebuch einen Artikel für »Die Woche« über die Suche Karls (S. 7). Schließlich kündigt sie an, wie sich der Artikel gliedert. An das fiktive Wiedersehen schließen sich die Rückblende und die Suche in drei Teilen an. Somit erklärt der auktoriale Erzähler dem Leser Franziskas Gliederung der Geschichte und somit auch die Gliederung von »Geboren 1999«. Neben dem fortlaufenden Artikel, den Franziska schreibt, werden immer wieder verschiedene Textsorten eingeflochten. Franziska und damit auch der Leser liest Tagebucheinträge Karls oder hört sich Tonbandaufnahmen an oder liest Zeitungsartikel erneut, die sie auch Karl zum jeweiligen Zeitpunkt zu lesen gab. Die Journalistin wird quasi in ihrem Schreibprozess begleitet, bis sie schließlich passend zum Prolog den Schluss erfindet und dem Ganzen die Überschrift »Geboren 1999« gibt. Grund für ihr Schreiben ist die Hoffnung, Karl möge den Artikel lesen und sich vier Wochen nach seinem Verschwinden, ohne ein Lebenszeichen gegeben zu haben, bei ihr melden.

Auch zeitlich enthält der Roman mehrere Ebenen. Da ist der innere Zeitrahmen, der Karls Suche, die vom 6. Januar 2016 (S. 9) bis zu seinem Verschwinden am 2. Dezember 2016 (S. 150) reicht, beschreibt. Franziska schreibt die Geschichte in wenigen Tagen nieder. Sie beginnt sechs Tage vor Silvester 2017, also am 25. Dezember 2016 (S. 7), und wird am 30. Dezember mit dem Finden der Überschrift fertig. Neben einem zeitlichen Ausblick in die Zukunft – sie wird in den ersten Minuten des Jahres 2017 an Karl denken (S. 151) – gibt es auch einen inhaltlichen Ausblick. Zwar weiß Franziska um die Möglichkeit, dass Karl tot sein könnte (S. 142), doch geht sie davon aus, dass er ihren Artikel liest und sich danach meldet (S. 151).

Erzähltechnisch sind folgende Ebenen erkennbar: Ein auktorialer Erzähler begleitet die 44-jährige Franziska beim Schreiben über Geschehnisse, in die sie zum Teil verwickelt ist und deren Handlung sie auch selbst vorangetrieben und somit beeinflusst hat. Franziska ist sich während des Schreibens ihrer Rolle bewusst und fragt sich auch, inwieweit sie Schuld an Karls Verschwinden trägt (S. 7, S. 110 f., S. 138–142), was sich auch besonders darin zeigt, dass sie mehrfach wiederholt, sie hätte ihn nicht gehen lassen dürfen (S. 140, S. 141). Die eigentliche Hauptfigur Karl kommt ab und an mittels Tagebucheinträgen unmittelbar zu Wort. Die Instanz des auktorialen Erzählers ist schwer erkennbar, und vermutlich setzen die Schüler/innen den Erzähler mit Franziska gleich. Allerdings gibt es Textstellen, die auf einen namenlosen auktorialen Erzähler hinweisen, beispielsweise: »Franziska sieht alt und erschöpft aus« (S. 9). Hier beobachtet der Erzähler Franziska und beurteilt ihren Zustand. Auch am Schluss kommentiert der Erzähler: »Denn Franziska glaubt nicht mehr, dass es wirklich nur einen einzigen Kalten Karl gibt. Doch das ist eine neue Geschichte« (S. 152).

Der auktoriale Erzähler, und somit auch der Rezipient, begleitet Franziska in ihrem Schreibprozess. Dies gibt auch Einblick in die wiederum vielschichtige Erzählhaltung des Erzählers. Hier gibt es zum einen die Tagebucheinträge von Karl, die aus der Ich-Perspektive beschrieben sind. Aus Karls Perspektive, in Form von inneren Monologen, teilweise auch mithilfe von rhetorischen Fragen, wird selbstreflektierend das Geschehen geschildert und somit eine Innensicht in Karls Gedankenwelt ermöglicht. Mithilfe von rhetorischen Fragen und direkter Rede (Interviews) wird der Rezipient unmittelbar in Karls Welt hineingenommen und somit die Distanz zur fiktiven Figur verringert. Sichtbar zum einen durch die Überschrift »Karls Tagebuch« und zum anderen durch die kursive Schrift: »*Wer bin ich? Woher komme ich? [...] Diese Fragen beherrschen langsam mein ganzes Denken. Und deshalb muss ich sie beantworten. Es ist wie ein Zwang. Dabei geht es mir doch gut, äußerlich stimmt doch alles. Ich bin nicht unglücklich. Doch was ist Glück, was ist Unglück?*« (S. 9).

Daneben sind auch sehr sachliche Informationen zu finden, die dem Erzähler eine Kompetenz in wissenschaftlicher Hinsicht zuweisen. Mithilfe eines Erzählberichts werden Zeitungsartikel zitiert und wiedergegeben: »Im Juli 1978 war Laura Billow zur Welt gekommen« (S. 20).

Nimmt man den »Prolog« aus, wird weitestgehend linear erzählt. Nach und nach wird Karls Suche entfaltet. Ab und an werden Geschehnisse aus mehreren Perspektiven geschildert, wie man bei »Mein Schwan« (S. 39/40, S. 50) sehen kann. Manche Zitate, Bilder oder Sätze wiederholen sich refrainartig und ziehen sich durch den kompletten Roman (»Ethik steht nicht still«, das »Wurzel-Zitat«). Aufgrund dieser Verknüpfungen wird ein Zusammenhang zwischen den verschiedenen Textsorten hergestellt und ermöglicht gleichzeitig einen vielfältigen Blick, den das Thema Genforschung auch braucht.

Außergewöhnlich an »Geboren 1999« sind vor allem die kunstvoll verwebten Textteile, die Komplexität und Intertextualität vermitteln. Neben Sachtexten (S. 20 ff.), Tagebucheinträgen (S. 52) und Tonbandaufnahmen (S. 34 ff.) werden Zitate (aus Goethes »Faust«; S. 118/119) und Märchen eingeflochten sowie Metaphern und Symbole benutzt: »Menschen haben das Messer erfunden. Dagegen sind Halme wehrlos. Auch mir haben sie die Wurzeln abgeschnitten« (S. 67).

Interessant ist, wie die Autorin sich dem Thema dialektisch nähert und durch vielfältige Weise bewirkt, dass der Rezipient sich selbst hinterfragt, sich mit dem mittlerweile in den Medien nicht mehr allzu präsenten Thema auseinandersetzt und sich in Karls Verzweiflung und Suche hineindenkt.

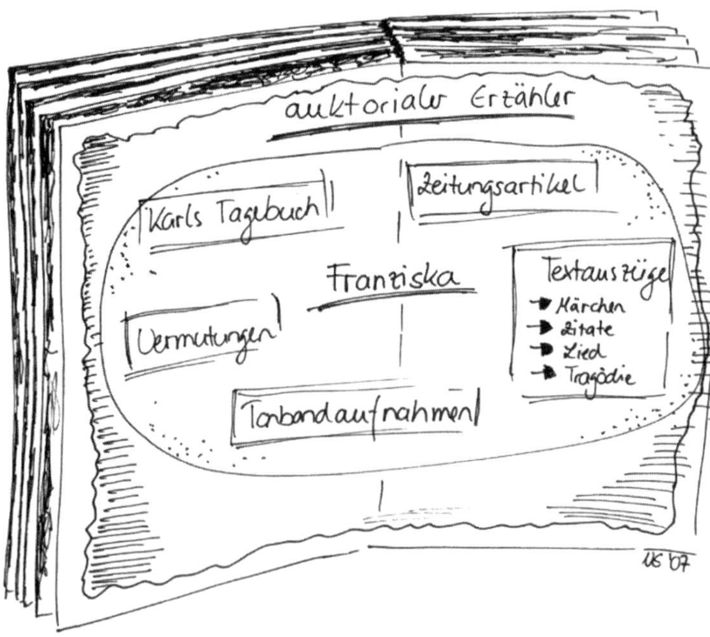

Deutungsperspektiven

U.4

»Geboren 1999« schildert die Suche eines Jugendlichen nach seinen biologischen Eltern, seinen Wurzeln und letztlich nach seiner Identität. Muss man wissen, wo man herkommt, um sich in der Gegenwart zurechtzufinden und eine Zukunft zu haben? Und hinzu kommt die Frage, was denn die Wurzeln sind? Sind es die genetischen, pränatalen oder die sozialen, und was spielt alles noch eine Rolle?

Auf der einen Seite sucht Karl nach seinen biologischen Wurzeln, die er seiner Meinung nach braucht, um schließlich »fliegen« zu können. Auf der anderen Seite steht das Märchen vom »Hässlichen Entlein«. Auch hier findet das Entlein schließlich seine biologischen Wurzeln heraus. Es ist ein Schwan, das bei Enten aufwuchs. Doch hindert das Aufwachsen bei den Enten ihn nicht daran, Schwan zu werden und wegzufliegen. Im Unterschied zu Karls Geschichte findet der Schwan im Märchen schließlich seinesgleichen. Karl hingegen bleibt alleine – als erster Mensch, der in einer künstlichen Gebärmutter aufgewachsen ist.

Sieht man vom Einzelschicksal Karls ab, stehen viele ethische Aspekte im Zentrum. Die Frage, wie weit ein Mensch gehen *kann*, wird nicht gestellt. Die Frage ist eher: Wie weit *darf* der Mensch gehen? Für welchen Zweck und unter welchem Umstand darf man forschen? Und wer trägt die Folgen? Das sind nur wenige Fragen, die die Thematik umreißen. Der Jugendroman zeigt mögliche Folgen auf, stellt die Frage nach der Schuld, um gleichzeitig zu fragen, wer die Verantwortung übernimmt. Wo die Gesellschaft Stellung beziehen muss und wo der Einzelne tätig werden kann und soll, sind Fragen, die sich der Rezipient stellen kann. Wo hier der Jugendroman relativ einseitig die negativen Folgen sieht, muss aber auch über Positives nachgedacht werden. So eröffnet die Genforschung neue Möglichkeiten im Hinblick auf Krankheiten, die nun geheilt werden können. Das einseitige Schildern der negativen Aspekte deutet möglicherweise auf den Standpunkt der Autorin hin: Das Überwiegen der Nachteile der Genforschung.

Durch das ungewöhnliche Erzählkonzept verschwimmen Realität und Fiktion. Der Rezipient ist sich unsicher, was von den aufgezählten Fakten seiner eigenen Wirklichkeit entspricht. Aber ist es nicht genau das, was wir letztendlich nicht wissen? Vielleicht gibt es den »Kalten Karl« schon, vielleicht aber auch »nur« eine Brutfabrik oder Forscher, die mit Embryonen experimentieren. Und genau das will der Roman erreichen: Das Thema soll zum Rezipienten, in seine Welt »rüberschwappen«. Nicht die Verfremdung wie zum Beispiel bei Brecht ist hier das Mittel der Wahl, sondern das Verwischen der Grenzen. Wie auch immer, es geht hier um menschliches Leben, um Verantwortung gegenüber uns selbst und der Menschheit. Und mithilfe von »Geboren 1999« gelingt es Charlotte Kerner, mögliche Auswirkungen komplex darzustellen, zu hinterfragen und ihnen durch Karl ein Gesicht zu geben.

Methodenkiste

U.5

Im Folgenden machen wir Vorschläge für mögliche Arbeitsweisen mit »Geboren 1999« im Unterricht und verbinden sie mit anzustrebenden Kompetenzen im Deutschunterricht. Dabei beziehen wir uns auf die von der Kultusministerkonferenz (KMK) inzwischen verabschiedeten »Bildungsstandards für das Fach Deutsch für den Mittleren Bildungsabschluss«, die die verbindliche Grundlage für alle in den Ländern zu entwickelnden Lehr- und Bildungspläne in der Sekundarstufe I darstellen. In der dritten Spalte geben wir jeweils mögliche Beispiele für eine konkrete Umsetzung im Unterricht. Hier finden sich Verweise zu den Kopiervorlagen dieses Heftes. Zahlreiche methodische Möglichkeiten sprechen mehrere Bildungsstandards an. Wir haben uns zum Zwecke der Übersichtlichkeit jeweils für einen Bildungsstandard des Bereiches 3.3 (»Lesen – mit Texten und Medien umgehen«) entschieden. Häufig lassen sich auch evidente Bezüge zu den Bildungsstandards der anderen Bereiche herstellen.

Darüber hinaus stehen die methodischen Möglichkeiten in Verbindung mit einem fächerübergreifenden Ansatz (v.a. Ethik, Gemeinschaftskunde, Religion, Biologie oder Bildender Kunst), den Sie je nach Klassensituation, Vorwissen und Interessen der Schüler/innen modifizieren können.

Bildungsstandards	Methoden	Beispiele
→ Verschiedene Lesetechniken beherrschen		
Über grundlegende Lesefertigkeiten verfügen: flüssig, sinnbezogen, überfliegend, selektiv, navigierend lesen	Ein Kapitel bzw. eine besonders bedeutsame Stelle vorlesen bzw. vorlesen lassen Den gestaltenden Lesevortrag vorbereiten und üben lassen Die Auswahl individuell begründen lassen Sinngestaltendes Lesen üben	Tonbandaufzeichnung Franziska und Sarah (S. 34–40) Karl stellt Anna und Dietrich zur Rede (S. 75–80) Tonbandaufzeichnung Franziska und Dietrich (S. 107–110)
→ Strategien zum Leseverstehen kennen und anwenden		
Leseerwartungen und -erfahrungen bewusst nutzen	Inhaltliche Vorbereitung der Themen des Buches durch Text und Bild	Zeitungsartikel zum Thema Reproduktionsmedizin Bildbetrachtung zum Thema Genmanipulation → **k.12** Adoption (aktuelle Statistiken auswerten) Glossar mit Fachbegriffen anlegen
	Impulse durch Titel, Umschlagbild, Klappentext, Autor, Verlag: • eine Leseerwartung aufbauen • Vorwissen aktivieren • Inhalte und Handlungsverläufe antizipieren • ein Lesemotiv formulieren	Vermutungen zum Titelbild (Impuls: ein Gesicht in verschiedenen Farben und Größen, sich selbst in verschiedenen Farben malen und den Farben Stimmungen zuordnen) → **k.1** Ein Mindmap mit Assoziationen zum Titelbild oder zum Wort »Mensch« erstellen Recherchieren, was 1999 alles passiert ist, herausfinden, was im eigenen Geburtsjahr passiert ist
Textschemata erfassen, z.B. Textsorte, Aufbau des Textes	Erarbeitung der Erzählkonstruktion	Verschiedene Textsorten erkennen (Interview, Märchen, Zeitungsartikel, Tagebucheinträge, Lied) Erzählperspektiven und Erzählschichten herausarbeiten
	Erzählte Zeit rekonstruieren	Rückblenden im Text finden Zeitstrahl der Handlungsabfolgen erstellen
Verfahren zur Textstrukturierung kennen und selbstständig anwenden	Kapitelüberschriften erarbeiten und ggf. abwägen	Inhaltsverzeichnis erstellen lassen Überschriften/Schlagzeilen zuordnen → **k.4**
	wesentliche Textstellen identifizieren	Karls Streit mit Anna und Dietrich (S. 75–80) → **k.8** Franziska bei Wald (S. 125–134) → **k.10**
	Informationen zu Figuren, der Handlung, dem Thema oder der Erzählkonstruktion entnehmen	Karl charakterisieren (S. 7–18) → **k.3** Personenkonstellation → **k.7** Thema Gentechnik → **k.4**

Bildungsstandards	Methoden	Beispiele
	Bezüge zwischen Textteilen herstellen	Märchen vom hässlichen Entlein aus verschiedenen Perspektiven (S. 39 f. und S. 50) → **k.6** »Wurzel«-Zitat (S. 24, S. 40, S. 67, S. 82, S. 108) Ein Ereignis aus verschiedenen Sichten erzählt (»mein Schwan«: Sarah S. 39 f., Karl S. 50) → **k.6** Verbindung mit dem Auszug aus »Faust« und der Geschichte herstellen (S. 119) → **k.11** Wiederkehrender Satz: »Ethik steht nicht still« (Bruhns: S. 46, Karl: S. 68, Wald: S. 129, S. 132) → **k.12**
	Fragen aus dem Text ableiten	Wieso ist Karl verschwunden? Wer ist Schuld am Weglaufen Karls? (S. 110) → **k.9** Sollte Genforschung in der öffentlichen Debatte mehr Raum bekommen?
Verfahren zur Textaufnahme kennen und nutzen	Aussagen erklären und konkretisieren	Wie kann ein Klon »ich« sein? »Ich bin du« (S. 71) – wie könnte das gemeint sein? Was meint »Ethik steht nicht still« (S. 46, S. 129)? → **k.12** »Ich habe versagt« – Karl trifft Wald (S. 94–97) → **k.10**
	Stichwörter formulieren	Entwicklung der Gentechnik (S. 26–30) → **k.4** Karls genetische Eltern (S. 58–60) Karl als Kind (S. 83–88)
	Texte und Textabschnitte zusammenfassen	Vom Retortenkind zur glücklichen Mutter (S. 20–24) → **k.15** Karls »Entstehung« (S. 111–115)
	Textteile schwärzen (»Unwichtiges« streichen lassen)	Romanende (S. 150–151) »Mein Schwan« → **k.6**

→ Literarische Texte verstehen und nutzen

Bildungsstandards	Methoden	Beispiele
Ein Spektrum altersangemessener Werke – auch Jugendliteratur bedeutender Autorinnen und Autoren kennen	Mit dem Autor/der Autorin in Briefkontakt treten	Über den Verlag (Briefe bitte gesammelt) oder Charlotte Kerners Homepage: www.charlottekerner.de/ Brief oder E-Mail an Charlotte Kerner Interview mit Charlotte Kerner → **k.2**
	Weitere Bücher von Charlotte Kerner	vgl. → **i.1**
	Weitere Romane zum Thema »Reproduktionsmedizin« oder Adoption« vorstellen	vgl. → **i.3**
	Thematisch verwandte Texte mit dem Roman vergleichen	Textteil aus Goethes »Faust«
Zentrale Inhalte erschließen	Lebensbedingungen von Figuren als Grafik, Mindmap oder Collage darstellen	Karls Abstammung Veränderung von Franziska Dehmel – Warum schreibt sie den Artikel? Was löst die Beziehung zu Sarah bei Karl aus? (S. 9 f.)

Bildungsstandards	Methoden	Beispiele
	Ein den Text erschließendes Unterrichtsgespräch anhand von Leitfragen führen	Was bedeuten Eltern? Gibt es soziale Eltern? (S. 27) Leihmutterschaft (S. 42–45) und Brüterinnen (S. 28–30): Kinder als Ware? vgl. → **k.4**
Wesentliche Elemente eines Textes erfassen: z. B. Figuren, Raum- und Zeitdarstellung, Konfliktverlauf	Eine Figurenkonstellation/ein Soziogramm erarbeiten	Plakat mit der Figurenkonstellation bzw. dem Soziogramm vgl. → **k.7**
	Eine Figur charakterisieren	Erarbeitung von äußeren und inneren Merkmalen/eigene Sichtweise auf die Figur, z. B. Karl, Sarah, Franziska, Anna, Wald, Fabian, Bruhns,... → **k.3**, **k.5**, **k.9**, **k.10**
	Die Handlungsorte beschreiben und/oder zeichnen bzw. nachbauen (im Modell)	Die »Muttermaschine« hinter Glas (S. 5 f., S. 142–147) → **k.3** Franziskas Arbeitszimmer (S. 7) Walds Anwesen (S. 125 f.)
	Einen Handlungsstrang mit eigenen Worten beschreiben	»Der künstliche Mensch« (S. 120–123) »Hypnose« (S. 100–102) Einsatz von U-Boot (S. 92 f.) und Hacker (S. 105)
	Die Beziehung zwischen Figuren herausarbeiten	Verhältnis Franziska–Karl (S. 51 f., S. 54–55), Karl–Fabian (S. 52–54) Verhältnis Dietrich und Anna zu Karl → **k.9**
Wesentliche Fachbegriffe zur Erschließung von Literatur kennen und anwenden	Die Erzählkonstruktion in Form einer Grafik/Tabelle darstellen	Erzählkonzept mithilfe eines Schaubildes nachvollziehen
Sprachliche Gestaltungsmittel in ihren Wirkungszusammenhängen und in ihrer historischen Bedingtheit erkennen: z. B. Wort-, Satz- und Gedankenfiguren, Bildsprache (Metaphern)	Sprachliche Bilder, Metaphern und Symbole erkennen und über ihre Leistungen diskutieren	Symbole: Wurzeln, Sumpf, Frosch, Schwan → **k.6** Sprachbilder interpretieren und auffinden (S. 41: Sumpf, S. 65: Halme brechen, S. 66: Frosch, S. 82: Schwan) → **k.6**
Eigene Deutungen des Textes entwickeln, am Text belegen und sich mit anderen darüber verständigen	Eine kontroverse Diskussion zum Thema oder zu bestimmten Figuren führen	Risiken und Chancen der Gentechnik (S. 22) → **k.4** Darf man mit Menschen experimentieren? Welche Schuld trägt Prof. Wald? (S. 128 f.) → **k.10** Welche Anzeichen gibt es, dass Karl zurückkommt?
	Ein fiktives Interview mit einer Figur führen	Interview mit Dietrich zum Streitgespräch mit Karl (S. 75–80) Interview mit Franziska, was sich durch Karls Geschichte in ihrem Leben geändert hat
Analytische Methoden anwenden	Den antizipierten und realen Handlungsverlauf mündlich oder schriftlich vergleichen	Wie könnte Karls Begegnung mit der »Muttermaschine« noch ausgesehen haben (S. 5–6)? Prof. Wald hat sein Hörgerät nicht vergessen und führt mit Karl ein Gespräch (S. 94–97) → **k.10**
	Handlungsmotive einer Figur herausarbeiten	Warum möchte Karl seine Herkunft wissen (S. 9, S. 14, S. 18, S. 24 f.)? → **k.3** Warum hilft Franziska Karl (S. 12 f.)?

Bildungsstandards	Methoden	Beispiele
	Ein Kapitel mit einem subjektiven »Untertext« versehen, der die individuelle Rezeptionsweise des Lesers sichtbar macht	Karl und Sarah lesen gemeinsam die Akten über Karls genetische Eltern. Untertext dazu aus Sarahs oder Karls Sicht oder Kommentare des Lesers oder der Leserin (S. 58–61) Karl über seine Beziehung zu Sarah (S. 33–41) → **k.5** Karl konfrontiert Anna und Dietrich mit seinen Recherchen und seiner Wut (S. 75–80) → **k.8**
Produktive Methoden anwenden	Ein Gedicht zu einem zentralen Textmotiv schreiben	Klonen Leihmutter Lied »16 kleine Embryos« weiterschreiben (S. 72 f.) Eifersucht und Liebe
	Einen fiktiven Brief einer Figur verfassen	Anna schreibt nach dem Streitgespräch mit Karl einen Brief an ihn (S. 75–80) Brief (der in »Die Woche« veröffentlicht werden soll) von Sarah an Karl, warum er wieder zurückkommen soll
	Einen Brief an eine Hauptfigur schreiben	Leserbrief an »Die Woche«, nachdem Franziskas Artikel über Karl erschienen ist Brief an Karl, in dem es um seine Suche geht (S. 5–6) → **k.3** Brief an Prof. Wald (S. 125–134) → **k.10**
	Einen Textteil aus einer anderen Perspektive im inneren Monolog schreiben	Innerer Monolog von Dagmar Bruhns (S. 46–48) Innerer Monolog Franziskas zu den Vorwürfen von Dietrich (S. 109 f.).
	Ein Kapitel in einen Tagebuch-Text umwandeln	Tagebucheintrag Sarahs zum Griechenlandurlaub (S. 98 f.). Tagebucheintrag Franziskas nach den Gesprächen mit Anna (S. 83–88) und Dietrich (S. 107–110) → **k.9**
	Einen Zeitungsbericht bzw. eine Reportage über den Roman bzw. einzelne Kapitel schreiben	Zeitungsartikel über das Wiederkommen Karls mit dem Titel: »Das Maschinenkind ist wieder da« oder: »Die Eltern sind erleichtert – Karl ist wieder da«
	Die Geschichte weiterdenken und -schreiben	Das Romanende weiterschreiben oder -spielen oder -erzählen Sarah trifft Karl nach fünf Jahren überraschend am alten Fluss wieder
	Den Text zu bestimmten Stellen anders weiterschreiben	Karl schlägt die Scheibe zu seiner »Mutter« ein. Was passiert? (S. 5 f.) → **k.3** Karl trifft nach dem Besuch seiner »Mutter« auf Sarah. Was erzählt er ihr? Wie fühlt er sich? (S. 142–150)
	Ein literarisches Rollenspiel zu einer Szene durchführen	Karl im Bürgerzentrum (S. 7–18) → **k.3** Karl mit Franziska bei Anti-Gen (S. 41–48) Das Streitgespräch zwischen Karl, Dietrich, Anna und Sarah (S. 75–80) Franziskas Besuch bei Prof. Wald (S. 125–134)

Bildungsstandards	Methoden	Beispiele
Produktive Methoden anwenden (Forts.)	Einen Kurz-Comic zu einer Szene zeichnen	Karl im Bürgerzentrum (S. 15–17) → **k.3** Der U-Boot-Vorschlag von Dagmar Bruhns (S. 91–93) Karl zum letzten Mal bei Franziska (S. 138–142)
	Eine Szene malen/zeichnen	Karl bei seiner »Maschinenmutter« (S. 5 f.) Karl am Alten Fluss (S. 65 f.), eventuell mit Kontrast zur Stadt (S. 48) → **k.6** Karls Zimmer (S. 82) Karl trifft Prof. Wald (S. 94–96)
	Ein Hörspiel verfassen	Streit mit Anna und Dietrich (S. 75–80) Tonbandaufnahme von Franziska und Sarah (S. 34–40), von Franziska und Anna (S. 83–88) und von Franziska und Dietrich (S. 107–110), ggf. arbeitsteilig und Gesamtkassette herstellen aus den »Tonbandaufnahmen«
	Eine Befragung zum Thema des Buches durchführen	Meinungen und Einschätzungen von Schüler/innen zu Gentechnik, Leihmüttern, zum Klonen unter Kindern bzw. Jugendlichen und/oder Erwachsenen
	Eine thematische Aktion durchführen	Beiträge in der Schülerzeitung zum Buch und zum Thema Genforschung Schaukasten zum Thema Klonen gestalten »Brutkasten« nachbauen, ausstellen und beschriften Werbeplakate für und gegen Klonen/Gentechnik gestalten
	Eine gemeinsame Reflexion zur Lektüre durchführen	Anhand eines Fragebogens und von Zitaten aus der Lektüre Mithilfe von »Schießscheiben« (die Schüler/innen kleben Punkte hin) Eine Rezension schreiben
Handlungen, Verhaltensweisen und Verhaltensmotive bewerten	Sympathie/Antipathie zu den Figuren thematisieren	Sympathiekurven erstellen, z. B. zu Karl, Sarah, Franziska, Wald, Anna und Dietrich
	Über eigene Sichtweisen zum Text diskutieren	Wie wird das Thema Gentechnik gesehen? → **k.4**, **k.12** Was bewirkt die Lektüre?

→ Sach- und Gebrauchstexte verstehen und nutzen

Informationen zielgerichtet entnehmen, ordnen, vergleichen, prüfen und ergänzen	Eine thematische Collage erstellen	Klonen Was macht den Mensch aus? Was ist Glück?
Intention(en) eines Textes erkennen	Textstellen identifizieren, bei denen die Autorenabsicht deutlich wird	Franziskas Gespräch mit Wald (S. 125–134) Gibt es mehrere Karls? (S. 151 f.) Nachwort der Autorin (S. 153 f.)

Bildungsstandards	Methoden	Beispiele
Aus Texten begründete Schlussfolgerungen ziehen	Diskussion zu Themen des Romans	»Wie aktuell ist Gentechnik für uns heute?«, »Sollte es aktueller sein?«
Mit Sachtexten produktiv umgehen	Talkshow zu Themen des Romans inszenieren	Talkshow zum Thema »Klonen« → **k.12**
→ Medien verstehen und nutzen		
Informationsmöglichkeiten nutzen	Internet- und Buchrecherche zum Thema des Romans	Gentechnik, Klonen, Leihmütter in der Schule
Medien zur Präsentation und ästhetischen Produktion nutzen	PowerPoint-Präsentationen bzw. Hypertexte erarbeiten, vorstellen und reflektieren	Thematische Gruppen bilden
	Zwei Medien vergleichen: Film und Buch	Film »Geboren 1999« anschauen und vergleichen (Anfragen an SWR Media GmbH Baden-Baden)
	Das Thema wird in weiteren Filmen aufgegriffen und anders diskutiert	Neuere Filme zum Thema: »Die Insel«, »Gattaca«, »Blueprint Blaupause« (arbeitsteilig anschauen und Sicht auf Klonen/Gentechnik herausfinden)

Vorschlag für eine Unterrichtseinheit

u.6

Nachfolgende Unterrichtseinheit zu »Geboren 1999« richtet sich nach dem Grundsatz »Erschließend, nicht erschöpfend«.

Dabei ist vorgesehen, dass die Schüler/innen den Roman zu Beginn der Unterrichtseinheit bereits gelesen haben. So können thematische und sprachliche Verknüpfungen sowie Vergleiche zwischen verschiedenen Figuren und Situationen besser erarbeitet werden.

Hierfür schlagen wir vor, dass die Schüler/innen sich den Inhalt mithilfe der »Drei Hausaufgabenchecks« (→ **u.7**) selbstständig erarbeiten. Dies unterstützt zusätzlich das eigenverantwortliche Arbeiten.

Denkbar ist auch der Einsatz eines Lesetagebuchs oder eines Portfolios. Im Lesetagebuch finden eigene Gedanken und Notizen, aber auch im Unterricht erarbeitete Aspekte Platz und können immer wieder nachgeschlagen werden. Somit ist eine Sicherung der Ergebnisse gerade zu diesem thematisch sehr anspruchsvollen Inhalt gewährleistet. Außerdem bietet es den Vorteil, dass die Schüler/innen ihre spezifischen Interessen in ihrem Lesetagebuch vertiefen können. Zusätzlich können die Arbeitsblätter abgelegt werden, sodass nach und nach ein persönliches Lektürebuch entsteht, das am Ende der Einheit als Grundlage der individuellen Reflexion genutzt werden kann. Das Portfolio kann sich natürlich auch mit der kompletten Lektüre beschäftigen, sollte aber unserer Meinung nach spezifiziert werden. So kann es eher einen thematischen Schwerpunkt, wie »Reproduktionsmedizin« oder »Leihmutterschaft« haben. Im Portfolio sammeln die Schüler/innen Artikel, eigene Gedanken und Arbeitsergebnisse im Bezug zur Lektüre und zum gewählten Thema. Sie befragen Experten und reflektieren ihre Ergebnisse. Im Gegensatz zum Lesetagebuch soll hier neben dem Endprodukt auch der Prozess dorthin abgebildet werden. Das heißt, auch Versuche, Informationen, die nicht mehr wichtig erscheinen, befinden sich im Portfolio. Allerdings sind diese gekennzeichnet. Dafür können die Schüler/innen zum Beispiel auf jede

Seite einen gelben Post-it mit Kommentaren zu ihren Entscheidungen kleben.

Die Einheit besteht, unterstützt durch die Materialien des Kapitels »Infoblätter« sowie durch die zahlreichen Kopiervorlagen, aus vier unterschiedlichen Modulen:

Modul A: (Lesen und) Erarbeitung des Romans

Modul B: Thematische Aspekte: Reproduktionsmedizin

Modul C: Projektorientierte Arbeit mit dem Roman

Modul D: Reflexion der Lektüre

Modul A: (Lesen und) Erarbeitung des Romans

Erste Kontaktaufnahme mit dem Buch: Titelbild, Erstellung eines Zeilometers (→ k.1, k.2)

Lektüre der Erzählung:
- überwiegend häuslich (z. B. mithilfe der Lesechecks, mit Notizen ins Lesetagebuch oder mithilfe eines Portfolios)
- teils im Unterricht (Vorlesen zentraler Textstellen durch Lehrer/in und Schüler/innen, stille Lesephasen)

Schwerpunktmäßige Bearbeitung einiger Szenen/Kapitel mithilfe der Kopiervorlagen (→ **k.2–k.11**)

Weitere Anregungen aus der »Methodenkiste« dieses Heftes

Modul B: Thematische Aspekte: Reproduktionsmedizin

Bearbeitung von thematisch geprägten Kopiervorlagen (→ **k.4, k.13**)

Gespräch mit einem Arzt oder Biologen oder anderen Expert/innen

Mobbing in unserer Schule/unserer Klasse: Gibt es das? Was können wir dagegen tun? Wie können wir helfen?

Angeleitete Recherche in Bibliothek und/oder Internet zum Thema Reproduktionsmedizin, Gentechnik, Leihmutterschaft oder »Faust«

Sichtung von Filmen der regionalen Medienzentren zum Thema

Buchpräsentation von thematisch verwandten Kinder- und Jugendromanen (vgl. → **i.3**)

Präsentation von Arbeitsergebnissen

Modul C: Projektorientierte Arbeit mit dem Roman

Die Schüler/innen arbeiten an unterschiedlichen, selbstgewählten Themen zum Roman oder zum Thema des Romans, z. B.
- Die Erzähltechnik des Romans
- Mögliche Textdeutungen und Interpretationen des Romans
- Motive und Symbole des Romans
- Die Sprache des Romans
- Die Autorin Charlotte Kerner: Leben und Werk
- Die Textrezeptionen in der Klasse

Bearbeitung der Kopiervorlagen, die nicht im Modul A eingesetzt wurden

Weitere Anregungen aus der »Methodenkiste« in diesem Heft (→ **u.5**)

Eine Präsentation der Arbeitsergebnisse in mündlicher (z. B. Kurzvortrag), schriftlicher (z. B. Wandzeitung, Plakat, Bericht) oder (multi-)medialer Form (Videofilm, Radioreportage, PowerPoint, Hypertext ...) könnte sich anschließen.

Modul D: Reflexion der Lektüre

Präsentation von Arbeitsergebnissen aus den Lesetagebüchern, dem Portfolio, oder den verschiedenen Filmen zum Thema (→ **i.3**)

Verfassen einer Rezension

Abschließendes Gespräch über die Einschätzungen der Schüler/innen

Die Romanverfilmung ansehen und mit dem Buch vergleichen

Drei Hausaufgaben-Checks

u.7

Schreibe die Frage, deine Antwort und die jeweilige Seitenzahl in dein Heft oder Lesetagebuch.

A) Hausaufgaben-Check zu den Seiten 5–40: Die Suche (Teil 1)

1. Wie heißt die Szene, die Franziska Dehmel an den Anfang der Geschichte setzt?
2. Für welche Zeitung schreibt Franziska?
3. Welche Marotte hat Franziska?
4. Was lässt Franziska an Karls Geschichte aufhorchen, sodass sie eine mögliche Story wittert?
5. In wie viele Teile gliedert Franziska ihre Suche?
6. In welcher Stadt wohnt Karl Meiberg?
7. Was bedeutet SGR 1999?
8. Wie heißt das erste Retortenbaby der Welt?
9. Was ist Karls Lieblingsfarbe?
10. Welches Grundrecht sichert das Gen-Gesetz von 1992?
11. Welcher neue Wirtschaftzweig entwickelt sich in den Staaten der Dritten Welt?
12. Seit wann ist die Leihmutterschaft in Europa verboten?
13. Wie alt ist Franziska?
14. Welches Märchen erzählt Sarah Franziska?

B) Hausaufgaben-Check zu den Seiten 41–102: Die Suche (Teil 2)

1. Wie lange gibt es Anti-Gen?
2. Wo ist Karls Lieblingsplatz?
3. Was trinken Karl und Franziska oft zusammen?
4. Wie heißt der Abteilungsleiter der »Abteilung genetischer Herkunft«?
5. Wer ist Gunther Pohl?
6. Welches Tier fängt Karl?
7. Wann stellt Karl seine Eltern zur Rede?
8. Was klebt an Karls Schranktür?
9. Nach wem wurde Karl benannt?
10. Was möchte Dagmar Bruhns in Walds Klinik einsetzen?
11. Welche Uhrzeit nennt Prof. Wald Karl?
12. Wer ist Michael Timm?
13. Was sieht Karl unter Hypnose?

C) Hausaufgaben-Check zu den Seiten 103–152: Die Suche (Teil 3)

1. Welche Nummer der sechs Embryonen überlebt?
2. Wie heißt Karls Leihmutter?
3. Wie heißt Karls Kinderarzt?
4. An welchem Tag verabredet sich Franziska mit Wald?
5. Aus welchem Stück von Goethe möchte Franziska einen Teil zitieren?
6. In welcher Straße wohnt Wald?
7. Was behauptet Wald zu »züchten«?
8. Wie viele Tage braucht Franziska nach dem Besuch bei Wald, um Karl anzurufen?
9. An welchem Tag erfährt Karl die ganze Wahrheit?
10. Wie nennt Karl sich, als er erfährt, dass seine »Mutter« eine Maschine ist?
11. Wie heißt der Fötus, den Karl im Brutkasten entdeckt?
12. Was will Franziska in den ersten Minuten des neuen Jahres 2017 tun?

Lösungen

A) 1. Wiedersehen (S. 7) • 2. »Die Woche« (S. 7) • 3. sie macht Sofortbilder und schreibt das Datum darauf (S. 8) • 4. die zwei Geburtstage (S. 13) • 5. in drei Teile (S. 13) • 6. Herbeck (235 000 Einwohner) (S. 14) • 7. SG = Sondergenehmigung, R = Retortenbaby, 1999 = Karls Geburtsjahr (S. 17 ff.) • 8. Laura Billow (S. 20) • 9. grün (S. 24) • 10. Das Recht, die genetische Herkunft zu erfahren (S. 26) • 11. Brutfabriken (S. 28) • 12. 1993 (S. 30) • 13. 44 (S. 37) • 14. Das hässliche Entlein (S. 39 f.)

B) 1. 25 Jahre (S. 41) • 2. am alten Fluss (S. 48) • 3. Tee (S. 51) • 4. Dr. Johannes Plötz (S. 56) • 5. Karls biologischer Vater (S. 58) • 6. eine Kröte (S. 66) • 7. Mai 2016 (S. 74) • 8. Wüstenfotos (S. 82) • 9. nach seinem Großvater, Annas Vater (S. 87) • 10. ein U-Boot (S. 92) • 11. kurz nach acht (S. 96) • 12. ein Psychologe, der Karl hypnotisiert (S. 100) • 13. Gesichter (S. 102)

C) 1. Nummer 4 (S. 103) • 2. 1KG/AU = Künstliche Gebärmutter, Artificial Uterus (S. 111 f.) • 3. Dr. Fritz Jetter (S. 114) • 4. 28. November gegen 10 Uhr (S. 117) • 5. Faust (S. 119) • 6. Lothringer Straße 27 (S. 126) • 7. seine Rosen (S. 128) • 8. drei (S. 136) • 9. 2. Dezember 2016 (S. 138) • 10. Maschinenkind (S. 142) • 11. Thomas Winter (S. 146) • 12. an Karl denken (S. 151)

Infoblätter

i.1

Zur Autorin Charlotte Kerner

Charlotte Kerner wurde in der Nähe von Mannheim, in Speyer, im Jahre 1950 geboren. In Mannheim studierte sie dann auch Volkswirtschaft und Soziologie. An ihr Studium schlossen sich jeweils einjährige Aufenthalte in Kanada (1976) und China (1978) an. Während dieser Zeit sammelte sie viele Eindrücke, die sie in einem ersten Buch verarbeitete.

Seit 1979 arbeitet sie als freiberufliche Schriftstellerin und Journalistin und lebt mit ihrer Familie in Lübeck. Ihre Romane sind hauptsächlich an Jugendliche gerichtet und beschäftigen sich mit Themen wie Medizin, Forschung und Wissenschaft.

Inzwischen hat sie zahlreiche Preise gewonnen, darunter zwei Mal den Deutschen Jugendliteraturpreis für die Jugendromane »Lise, Atomphysikerin. Die Lebensgeschichte der Lise Meitner« und »Blueprint Blaupause«.

»Geboren 1999« wurde 1989 veröffentlicht und stand auf der Auswahlliste des Deutschen Jugendliteraturpreises.

Werke und Auszeichnungen (in Auswahl)

2008: »Kopflos«
2004: »Sternenflug und Sonnenfeuer«: Auswahlliste des Deutschen Jugendliteraturpreises, Auswahlliste Wissenschaftsbuch des Jahres
1999: »Blueprint Blaupause«: Deutscher Jugendliteraturpreis
1997: »Madame Curie und ihre Schwestern«: Auswahlliste des Deutschen Jugendliteraturpreises
1993: »Seidenraupe, Dschungelblüte. Die Lebensgeschichte der Maria Sibylla Merian«: Auswahlliste des Deutschen Jugendliteraturpreises, Auswahlliste zum Evangelischen Buchpreis
1986: »Geboren 1999«: Auswahlliste des Deutschen Jugendliteraturpreises
1986: »Lise, Atomphysikerin. Die Lebensgeschichte der Lise Meitner«: Deutscher Jugendliteraturpreis, Auswahlliste zum Evangelischen Buchpreis

i.2

Interview mit Charlotte Kerner

»Die Sinne schärfen für das, was passiert«

Charlotte Kerner über ihre Motivation zu »Geboren 1999«, den Bezug des Romans zum eigenen Leben und ihre Wünsche im Hinblick auf den Umgang mit der Reproduktionsmedizin

? *Frau Kerner, was hat Sie dazu gebracht, über Gentechnik bzw. Genforschung zu schreiben?*

Weder in »Geboren 1999« noch später in »Blueprint« ist das Hauptthema die Genforschung: In »Geboren 1999« geht es um die Reproduktionsmedizin. Thema ist aber immer die Psychologie und die Beziehungen der Menschen, die ein bestimmtes Verfahren »trifft« oder hervorbringt. Was denken sich diejenigen, die es anwenden? Zitat von Jonas S. 5 Blueprint: *»Der Tierzüchter weiß …«*

Im Nachwort jeden Buches steht auch genau, wann und wie ich zum Thema kam. Ich fand es immer erschreckend, wie wenig auch gut informierte Leute Detailwissen zu einem Ganzen zusammenführen können und wie wenig man sich – angesichts der Faszination vieler medizinischer Möglichkeiten – um die betroffenen Kinder schert. Aber genau die stehen im Zentrum der Bücher. Als Romanautorin hat man die große Freiheit, alles zusammenzubauen.

Warum glauben Sie, dass die Thematik Reproduktionsmedizin für Jugendliche interessant ist?

Das Thema berührt die große Frage: Was ist der Mensch? Was macht den Einzelnen aus? Die nächsten Generationen werden vor neuen Entscheidungen stehen. Man spürt schon jetzt, dass Dinge aus diesem Forschungsbereich das Leben gründlich verändern können. Diese Thematik behandelt also die Zukunft der Jugendlichen: Wie wollen sie leben?

Haben Sie auch Erlebnisse aus Ihrem eigenen Leben in »Geboren 1999« einfließen lassen?

Ich kenne MedizinerInnen, aus denen ich Professor Wald gebaut habe. Eigene Erlebnisse fließen immer ein. Ich selbst habe erst als das Buch schon fertig war, ein Kind adoptiert. Insofern folgte das Leben hier sogar dem Buch!

Wann haben Sie das letzte Mal gemerkt, dass Ethik nicht stillsteht?

Denken Sie an die Debatte um das Embryonenschutzgesetz, therapeutisches Klonen. Gerade diese Woche (November 2007) war in der ZEIT ein Report über das Einfrieren von Eizellen, als »Fruchtbarkeitsgarantie«. Es wurden inzwischen bereits IVF-Kinder gezeugt und ausgewählt, um Knochenmarksspender für ein Geschwister zu sein …

Wie lange haben Sie für den Roman recherchiert, und wie lange haben Sie insgesamt daran gearbeitet?

Da ich mich schon lange mit diesem Themenbereich beschäftigte, musste ich nur das Aktuellste nachrecherchieren. In der Regel dauert die Arbeit an einem Buch 1 bis 2 Jahre, das ist auch in etwa mein Veröffentlichungsrhythmus.

Was würden Sie sich wünschen, dass Ihr Roman bei Jugendlichen bewirkt?

Sinne schärfen für das, was passiert und oft nur als Witz oder kurze Meldung in einer Zeitung daherkommt. Viele haben mir bestätigt, dass sie nach der Lektüre von *Geboren 1999* Informationen aus dem ganzen Bereich viel öfter als vorher überhaupt wahrnehmen. Sich informieren, wenn z. B. der Bundestag über Gen-Gesetze debattiert oder der Ethikrat Positionen formuliert.

Gibt es eine Szene oder Figur des Buches, die Sie besonders gerne mögen?

Natürlich die Hauptperson und die Szene, die ich bei Lesungen immer wieder vorlese: Das ist der Höhepunkt des Buches, das Zusammentreffen von Karl und der Maschinen-Leihmutter am Ende seiner Suche.

Würden Sie heute, im Rückblick, Teile des Buches anders schreiben?

Nein, ein Buch ist immer ganz abgeschlossen, wenn es gedruckt vorliegt. Diese Frage stelle ich mir aber immer dann, wenn ich die Druckfahnen endkorrigiere. Dann überfallen mich viele Zweifel. War es richtig, das Buch so oder so zu schreiben? Hätte ich nicht doch auf meine Lektorin hören sollen? Aber dann befehle ich mir immer, nicht mehr darüber nachzudenken! Und das klappt dann auch!

Welche Stellung würden Sie dem Roman in Ihrem Gesamtwerk zuerkennen?

Es war mein *erster* Roman und insofern war »Geboren 1999« (1989) ein Anfang, der mich ermutigt hat, diesen Weg von den Fakten zur Fiktion weiterzugehen und der dann auch zu »Blueprint« (1999) und »Kopflos« (2008) geführt hat.

Der Schluss des Romans ist ja ziemlich offen. Hatten Sie auch andere Versionen im Kopf?

Das hat man immer, doch irgendwann muss man sich entscheiden. Ich persönlich finde, dass es mehr Hinweise im Buch gibt, dass Karl wieder zurückkommt. Dass er weinen kann, ist doch so etwas wie der Tod des »Kalten Karl« und ein neuer Beginn! Aber gerade weil es in der Schwebe bleibt, fragen sich die LeserInnen umso intensiver, was hätte ich denn getan?

Hat Sie die Nominierung zum Deutschen Jugendliteraturpreis überrascht?

Ich habe mich gefreut und war natürlich überrascht, da es ja eine geheime Wahl ist. Aber ich fand auch, dass das Buch die Nominierung verdient hatte. Wäre »Geboren 1999« nicht nominiert worden, wäre ich – das gebe ich offen zu – überraschter gewesen!

Der Roman steckt voller sprachlicher Symbole. Setzen Sie solche Elemente eher bewusst ein oder kommen sie Ihnen eher spontan in den Sinn?

Auch das ist eine Mischung, übrigens in allen drei Romanen. Man liest ja vorher sehr viel, macht sich Notizen, manches springt einen direkt an, bei anderen sprachlichen Bildern und Symbolen muss man nachrecherchieren ... und setzt sie dann natürlich ganz bewusst ein.

Schreiben Sie mit Hand, mit Schreibmaschine oder mit Computer?

Gedanken und Notizen mit der Hand, und meistens die erste Fassung eines Textes auch! Danach schreibe ich mit dem Computer, wobei ich dieses Hilfsmittel seit Mitte der 1980er-Jahre benutze, damals schrieb ich mit einem der ersten Apple-Computer, dieser berühmten, fast quadratischen Kiste! Texte überarbeiten kann ich nur in Ausdrucken, am Bildschirm fehlt mir der Überblick! Ganz wunderbar finde ich die Funktion *geh zu ... ersetze in ...*, wenn ich z.B. am Ende eines Buches feststelle, dass ein Name nicht mehr zu der Person passt!

Frau Kerner, herzlichen Dank für das Gespräch.

Interview: Nadine Emmerling, November 2007

i.3

Weiterführende Materialien

Lektüretipps zu thematischen Aspekten des Romans

Gentechnik/Klon
- Eschbach: Andreas: Perfect Copy – Die zweite Schöpfung. Lübbe 2005.
- Kerner, Charlotte: Blueprint Blaupause. Beltz [6]2004.
- Rabisch, Birgit: Duplik Jonas 7. dtv 1996.
- Ziegler, Reinhold: Perfekt Geklont. Carl Ueberreuter 2005.

Adoption
- Jolig, Sam: HerzMama. Gryphon 2007.
- Kowalczyk, Charly: MAMA und PAPA sind meine richtigen ELTERN. Pflege- und Adoptivkinder erzählen ihre Geschichten. Schulz-Kirchner [5]2005.

Medien zu thematischen Aspekten des Romans

Sachbücher
- Kleesattel, Walter: Pocket Thema. Gentechnik. Cornelsen Scriptor 2002.
- Jefferis, David: Was ist Gentechnik? Vom Klonschaf bis zur Gentomate. Loewe 2002.
- Rehder, Stefan: Gott spielen. Im Supermarkt der Gentechnik. Pattloch 2007.
- Rifkin, Jeremy: Das biotechnische Zeitalter. Die Geschäfte mit der Gentechnik. Campus 2007.
- Staguhn, Gerhard: Die Suche nach dem Bauplan des Lebens. Evolutionstheorien, Gentechnik, Gehirnforschung. dtv 2005.

Didaktische Literatur und Unterrichtsmaterial
- Burri Durrer, Silvia: Was ist Klonen? Infos und Diskussionsmaterialien zur Biotechnologie. Verlag an der Ruhr 2004.

- Büttner, Ralf: Charlotte Kerner, »Geboren 1999« – Skizze einer Unterrichtseinheit zu einer Zukunftsgeschichte. In: Ethik und Unterricht, Heft 2/1997, S. 37 ff.
- Lange, Günther: Charlotte Kerners Jugendromane in der Sekundarstufe I und II. Kinder- und Jugendliteratur im Unterricht, Band 2. Schneider 2006.
- www.lbsneu.schule-bw.de/unterricht/faecher/deutsch/unterrichtseinheiten/buecher/geboren_1999
  Vorschlag einer Unterrichtseinheit mit fünf Arbeitsblättern zu »Geboren 1999« des Landesbildungsservers von BW.
- Strube, Anja: Charlotte Kerner: »Geboren 1999«. In: Deutsch: Unterrichtsmaterial Sek. 1, 2/2004.

Filme

Verfilmung des Romans
Geboren 1999. Deutschland 1991. 90 Minuten. Regie: Kai Wessel. VHS
(Anfragen an: SWR Media GmbH, 76522 Baden-Baden, Tel.: 07221 / 929-500, Fax: 07221 / 929-4511)

Spielfilme
- Blueprint Blaupause. Deutschland 2003. 110 Minuten. Regie: Rolf Schübel. FSK 12
  Die gefeierte Pianistin Iris Sellin erfährt im Alter von 30 Jahren, dass sie nur noch ein paar Monate zu leben hat. Deshalb beschließt sie, sich klonen zu lassen, damit ihre Kunst und irgendwie auch sie selbst über den Tod weiter lebe.
- Gattaca. USA 1997. 106 Minuten. Regie: Andrew Niccol. FSK 12
  In der Gesellschaft der Zukunft entscheidet ein Gentest über das Schicksal frisch geborener Kinder.
- Die Insel. USA 2005. 130 Minuten. Regie: Michael Bay. FSK 16 (!)
  In nicht allzu ferner Zukunft werden in einem von der Außenwelt abgeschotteten Labor exakte menschliche Kopien gezüchtet.

Dokumentarfilme
- Klonen – Fluch oder Segen? National Geografic. USA 2003. 52 Minuten
  Klonen ist für die einen der Schritt in eine rosigere Zukunft, für die anderen die Bedrohung der Schöpfung. Der Film thematisiert beide Aspekte.
- Klonen. Wie Dolly unsere Welt veränderte. Deutschland 2002. 17 Minuten. Produzent: Hagemann – Bildungsmedien, Düsseldorf
  Im Februar 1997 präsentierten schottische Wissenschaftler das erste geklonte Säugetier. Das Schaf Dolly, das aus einer Körperzelle eines erwachsenen Schafes geschaffen worden war, erlangte Weltruhm – und ein neues Zeitalter der Biotechnologie hatte begonnen.

Internet-Links

- www.charlottekerner.de/
  Informationen zur Autorin und ihren Werken
- elib.uni-stuttgart.de/opus/volltexte/2004/1802/pdf/kiKlonen.pdf (Abruf 7.11.2007)
  Forschungsstand zum Thema »Klonen«. PDF-Datei zum Herunterladen.
- elib.uni-stuttgart.de/opus/volltexte/2004/1807/pdf/KlroteGentechnik.pdf (Abruf 7.11.2007)
  Fragen und Antworten zum Thema Gentechnik. PDF-Datei zum Herunterladen.
- www.kath.ch/index.php?na=11,0,0,0,d,18412 (Abruf 7.11.2007)
  Interview mit dem Embryologen Günter Rager zum Thema »therapeutisches Klonen«.
- www.netzeitung.de/genundmensch/serie/bioethik interviews/208632.html (Abruf 7.11.2007)
  Dollys »Vater« Ian Wilmut wird interviewt und spricht sich für Stammzellenforschung, aber gegen das Klonen von Menschen aus, da diese dann ihre Identität verlören.
- www.zeit.de/online/2007/09/dolly?page=all (Abruf 31.10.2007)
  Ausgehend vom Klonschaf Dolly werden die folgenden zehn Jahre »Genomgeschichte« dargelegt.

Lesezeichen und Zeilometer

Dieses Lesezeichen ist eine tolle Hilfe, um einzelne Textstellen zu finden. Lege dazu einfach das Lesezeichen passend neben dein Buch. Die Zahlen sind dann die jeweiligen Zeilen.

Wenn du möchtest, kannst du dein Lesezeichen natürlich auch anmalen und individuell gestalten.

»Wer bist du?«

1. Zeichne, schreibe oder klebe Dinge und Menschen *in* die Hand, die dir etwas bedeuten, die dich ausmachen: Hobbys, Freunde, dein Zimmer, was du gern oder nicht gern machst usw.

2. Vor welchen Ereignissen oder Momenten würdest du gerne weglaufen? Schreibe diese Ereignisse *um die Hand herum*.

3. Färbe das ganze Bild in einer Farbe ein, die gerade deiner Stimmung entspricht.

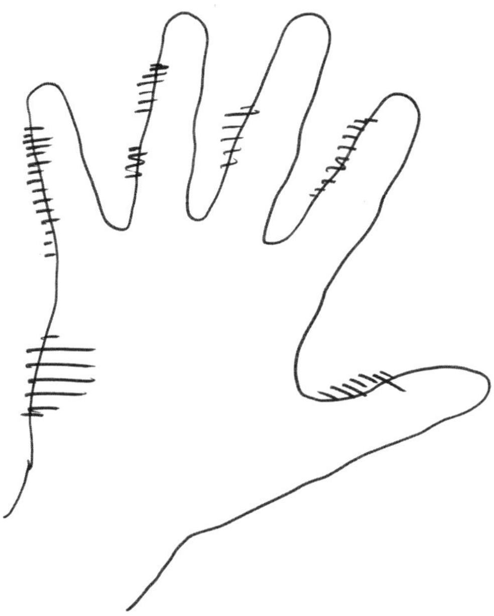

4. Zu Beginn des Romans »Geboren 1999« (S. 5–6) steht Karl vor einer Glasscheibe und betrachtet die Abdrücke seiner Finger darauf. Erst möchte er verschwinden, dann versucht er zu begreifen, und dann fühlt er eine unglaubliche Wut. Er äußert, dass SIE ihm keine Wahl gelassen haben. Wer könnte mit SIE gemeint sein? Spekuliere und begründe.

5. Stelle dir vor, Karl schlägt die Scheibe zu seiner Mutter ein. Was passiert? Schreibe weiter.

Sprinter-Aufgabe

Karl hat ein Jahr lang nach etwas gesucht: seiner Mutter. Schreibe ihm einen Brief, indem du ihn nach dem »Warum« fragst, selbst spekulierst und dann deine eigenen Erfahrungen und deine Meinung zum Thema »sich etwas schuldig sein« darlegst.

»Wer ist Karl?«

Immer wieder stellt sich Karl die Frage, wer er ist und woher er kommt …

1. Lies die Seiten 7–13. Gehe dabei folgendermaßen vor:
- Markiere alles mit *grün*, was du zu seinem Äußeren erfährst.
- Markiere alles mit *blau*, was Franziska oder Sarah oder seine Adoptiveltern über ihn und sein Verhalten sagen.
- Markiere alles, was Karl fühlt, mit *rot*.
- Markiere alle Fragen, die sich Karl in seinem Tagebuch selbst stellt, mit *gelb*.

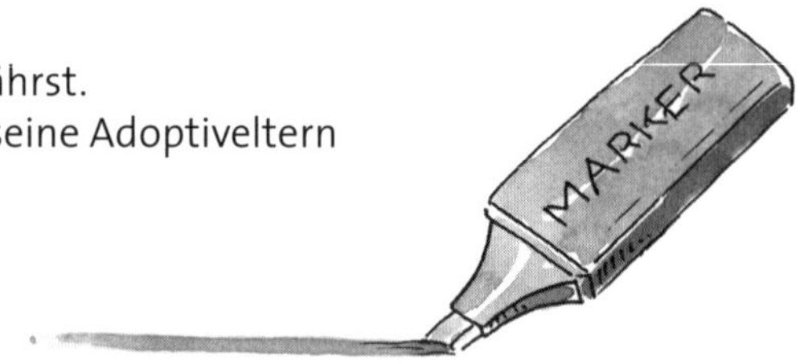

2. Erstelle in deinem Heft oder Lesetagebuch eine Tabelle zu Karl, die folgende vier Spalten hat: äußere Merkmale, innere Merkmale (Gefühle), Aussagen anderer über Karl, Fragen, die sich Karl selbst stellt.

Karl Meiberg

Äußere Merkmale	Innere Merkmale	Aussagen anderer	Fragen, die sich Karl stellt

3. Würdest du gerne mit Karl befreundet sein?

a) Sammle mindestens je drei Argumente dafür und dagegen. Begründe deine Argumente.

b) Begründe deine eigene Antwort schriftlich.

4. Karls Suche nach seinen Eltern beginnt am 8. Januar 2016. An diesem Tag fährt Karl ins Herbecker Bürgerzentrum und bekommt schließlich Auskunft von einer Beamtin. Lies die Begegnung auf den Seiten 15–17 nach.

a) Schreibe das ganze aus Karls Sicht in Ich-Perspektive. Schildere auch seine Gedanken und Gefühle.

b) Spielt die Szene zwischen Karl und der Mitarbeiterin des Bürgerzentrums als Rollenspiel.

Sprinter-Aufgabe

a) Zeichne einen Comic zu der Szene.

b) Schreibe eine Charakteristik zu Karl.

»Menschen bauen?!«

Folgende Schlagzeilen könnte es im Laufe der Genforschung (Reproduktionsmedizin) gegeben haben:

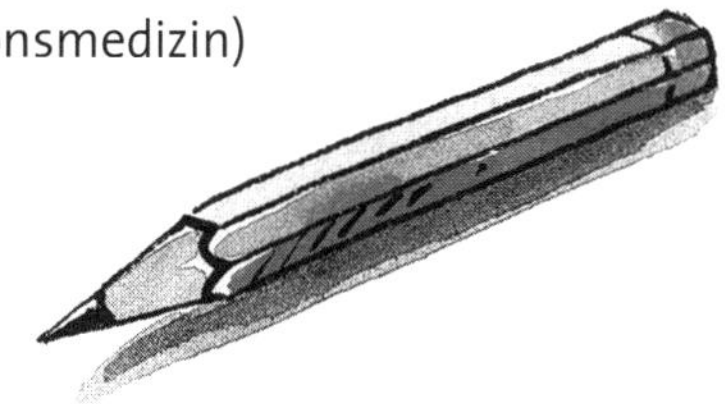

Klone – Es gibt sie schon eine Ewigkeit!

GENTECHNIK: WIR BAUEN UNS UNSERE WELT...

Das Problem mit der Kopie

Unser Körper klont sich selbst!

Wir feiern Gen-Hochzeit

Die Alleskönner

Und dann kam Dolly!

1. Lies die Informationstexte und ordne die Schlagzeilen den passenden Texten zu.

A

Als Gentechnik bezeichnet man die Analyse und die gezielte Veränderung von DNS-Sequenzen (Stücken). Damit kann man einige für den Menschen interessante Produkte herstellen. So werden zum Beispiel Vitamine oder Insulin (für Diabetiker) mithilfe gentechnisch veränderter Bakterien erzeugt. Auch in der Landwirtschaft kann man Gentechnik einsetzen. So gibt es zum Beispiel einen Schmetterling, dessen Larven Mais fressen. Allerdings gibt es auch Bakterien, die wiederum genau diese Larven töten können. Nun ist es den Forschern gelungen, ein Gen aus diesen Bakterien in die DNS von Mais einzubauen. Wenn nun die Larven versuchen, diesen veränderten Mais zu fressen, sterben sie. Die Zukunft eilt mit großen Schritten voran: Bakterien, die Medizin herstellen, Mais, der seine eigenen Schädlinge vernichtet – und was kommt als nächstes?

B

In unserem Körper werden ständig neue Klone hergestellt. Unsere Zellen teilen sich nach einer gewissen Zeit und stellen dadurch Klone her (Ausnahme sind aber zum Beispiel Nervenzellen, die sehr auf ihre Funktion spezialisiert sind). Andere Zellen sterben ab, sodass in jeder Sekunde ca. 50 Millionen Zellen in uns entstehen und gleichzeitig ca. 50 Millionen sterben. So wird unser Körper schrittweise komplett erneuert. Die Lunge benötigt beispielsweise sieben Jahre, um sich durch den Austausch ihrer Zellen selbst zu erneuern.

C

Klonen ist die älteste und am meisten verbreitete Methode, sich zu vermehren. Das klingt zuerst seltsam, lässt sich aber leicht erklären. In einer Sekunde entstehen unzählige neue Klone, und das am laufenden Band. Klonen ist nichts anderes als das Teilen einer Zelle. Diese Zellen sind dann Kopien, also gleich beschaffen. Wissenschaftler haben herausgefunden, dass es die ersten geklonten Lebewesen bereits vor 3,5 Milliarden Jahren gab: die Bakterien, Lebewesen, die nur aus einer Zelle bestehen. Diese Einzeller können sich bis heute gar nicht anders als durch Teilen vermehren.

D

Wer ist Dolly? Dolly wurde 1996 in Schottland geboren und ist wohl das berühmteste Schaf der Welt. Es wurde als erstes Säugetier nicht aus befruchteten Embryozellen, sondern aus der Körperzelle eines erwachsenen Tieres gemacht. Ian Wilmut und Keith Campell pflanzten den Zellkern einer Euterzelle in die entkernte Zelle eines anderen Schafes. Die so entstandene neue Zelle begann sich zu teilen. Ein Embryo entwickelte sich und wurde in die Gebärmutter eines weiteren Schafes (Leihmutter) eingepflanzt. Dolly war der Klon seiner genetischen Mutter und somit das erste Säugetier der Welt ohne genetischen Vater. Was so einfach klingt, war gar nicht so einfach: Erst beim 277. Versuch mit Zellkern und entkernter Zelle entstand Dolly. 1998 bekam Dolly auf natürlichem Wege ihr erstes Kind. Dolly schien ein völlig normales Schaf zu sein. Allerdings starb sie im Alter von sechs Jahren (Schafe werden ca. zwölf Jahre alt) an verschiedenen Alterskrankheiten. Warum Dolly vorzeitig alterte, wissen die Wissenschaftler bis heute nicht.

E

Jede Zelle und somit jedes Lebewesen verfügt über eine DNS. Dort sind alle Informationen gespeichert, damit die Zelle sich entwickeln kann. Die DNS eines Lebewesens funktioniert nach dem gleichen Prinzip, sodass Gentechniker damit arbeiten können. Es wird möglich, verschiedene DNS-Stücke (Nukleinsäure-Moleküle) aus einem Organismus herauszunehmen, um diese in einen anderen Organismus einzusetzen. Dies heißt dann »in vitro« (lateinisch: im Glas). »In vitro« meint also Vorgänge, die außerhalb des lebenden Organismus stattfinden. Meist wird dazu die DNS aus einem Spenderorganismus isoliert, in Fragmente zerlegt und mit einem Vektor (einer Art Transportzelle) zusammengebracht. Danach überträgt man die im Vektor neukombinierte DNS in die Zelle eines geeigneten Empfängerorganismus und vermehrt die Zellen mit den nun neuen, gewünschten genetischen Informationen und Eigenschaften.

F

Bereits um 1902 führte Hans Spemann wichtige Versuche zur Zellteilung durch. Spemann gelang es, einen Salamander-Embryo, der nur aus zwei Zellen besteht, zu teilen. Aus diesen beiden Zellen entwickelten sich zwei vollständige Salamander. Durch dieses Experiment wurde nachgewiesen, dass Zellen in einem frühen Entwicklungsstadium noch sämtliche, für die weitere Entwicklung notwendigen Informationen besitzen, um daraus neue komplette Lebewesen zu machen. Allerdings verlieren die Zellen von Säugetieren nach ein paar Teilungen diese Fähigkeit. Somit wird zum Beispiel verhindert, dass sich in der Haut plötzlich ein Knochen bildet. Die ersten Zellen eines Organismus (embryonale Zellen) können sich allerdings noch zu jedem beliebigen Organ weiterentwickeln. Für seine Entdeckungen erhielt Spemann später den Nobelpreis für Medizin.

G

Neben den einzelligen Bakterien gibt es weitere, komplexere Lebewesen, wie Pflanzen, Tiere und schließlich der Mensch. Viele davon vermehren sich nicht durch Klonen, sondern sie vermehren sich geschlechtlich, das heißt durch Sex. Dieser Nachwuchs ist dann keine Kopie mehr, sondern etwas völlig Neues. Der Nachteil gegenüber dem Klonen ist, dass geschlechtliche Vermehrung Zeit und Energie kostet. Im Vergleich zum Klonen können in der gleichen Zeit allerdings viel weniger Nachkommen erzeugt werden. Warum also die geschlechtliche Vermehrung? Klonen ist auf Dauer riskant, weil alle die gleichen Schwächen und Stärken haben und nichts Neues entsteht, das auf mögliche neue Umstände reagieren kann. Der Punkt ist also, dass das Klonen keine Vielfalt erzeugt.

2.

a) Erstelle ein Mindmap mit Informationen aus diesem Arbeitsblatt und den Zeitungsartikeln auf S. 26 (ab 1978) bis S. 28 (bis 1987/88).

b) Der letzte Zeitungsartikel »1995: Brutfabriken« (S. 28) hierzu ist eine Zukunftsvision. Füge einen Ast in dein Mindmap ein, wo du solche »Zukunftsvisionen« selbst dazu erfindest.

»Ich war ein wenig eifersüchtig«

1.

Kreuze an und ergänze den Textbeleg.

	richtig	falsch	Seite/Zeile
a) Franziska hat Sarah verheimlicht, dass sie Karls Tagebuch hat.	○	○	....
b) Karl ist am 3. Dezember 2016 verschwunden.	○	○	....
c) Karl hat Sarah seine Liebe gestanden.	○	○	....
d) Das Zusammensein mit Sarah wirft in Karl die Frage auf, woher er kommt und wer seine Eltern sind.	○	○	....
e) Für Sarah ist es egal, von wem Karl abstammt.	○	○	....
f) Sarah ist eifersüchtig auf Franziska.	○	○	....
g) Karl gebraucht oft das Wort »zerfetzt«.	○	○	....
h) Karl weint, als er sich mit Sarah streitet.	○	○	....

2.

Was sagen folgende Zitate über die Beziehung zwischen Sarah und Karl aus? Erläutere und begründe.

> »Seit Karl verschwunden ist, haben sich Sarah und Franziska öfter getroffen. [...] Franziska hatte ihr verheimlicht, dass sie im Besitz von Karls Tagebuch ist. Denn Sarah hätte es sicher haben wollen und wäre erneut verletzt gewesen, weil Karl das Buch an Franziska und nicht an seine Freundin geschickt hat.« (S. 34)

> »Und außerdem hat er rote Ohren gekriegt, als ich ihn angesprochen habe. Er war also gar nicht so ein Eisklotz.« (S. 35)

> »Ich habe ihm gesagt, wie schwer es für mich ist, ihn zu verstehen. Aber dass ich ihm trotzdem bei dieser Suche nach seinen Eltern helfen will, so gut ich kann.« (S. 37)

> »Ich war schon etwas eingeschnappt, dass er noch mit jemand anderem darüber gesprochen hat. Ja, und ich gebe es zu, ich war ein wenig eifersüchtig. Du siehst ja nicht schlecht aus für dein Alter.« (S. 37)

3.

Wähle eine der folgenden kreativen Aufgaben aus:

a) Nach dem Gespräch mit Franziska schreibt Sarah in ihr Tagebuch, was sie über ihre Beziehung zu Karl denkt, wie sehr sie ihn vermisst und was sie ihm und sich wünscht. Schreibe diesen Eintrag.

b) Kommentiere als Karl die obigen Zitate. Was denkt er dazu?

»Der Schwan fliegt los!«

Der Schwan

Sarah nennt Karl »mein Schwan«. Sarah hat Karl die Geschichte zum Geburtstag geschenkt. Beide berichten schließlich davon: Sarah im Interview mit Franziska (S. 39–40) und Karl in seinem Tagebuch (S. 50). Man kann die Ereignisse folgendermaßen zusammenfassen:

Karl hat Geburtstag. An seinem Geburtstag unterschreibt er den Antrag von Anti-Gen, was bedeutet, dass er in spätestens fünf Wochen über seine Abstammung Bescheid weiß. Das ist für ihn das schönste Geschenk. Fast genauso freut er sich über Sarahs Geschenk. Sie schenkt ihm ein Märchenbuch, liest ihm daraus das Märchen vom hässlichen Entlein vor und nennt ihn anschließend »mein Schwan«. Karl findet die Bezeichnung »mein Schwan« einerseits kitschig und kindisch. Allerdings freut er sich dann so sehr über seine beiden Geschenke, dass er wie ein Schwan durchs Zimmer hüpft.

1. a) Schwärze in der Zusammenfassung alle Wörter, die nicht so wichtig sind, sodass zum Schluss nur noch die Schlüsselwörter stehen bleiben.

   b) Warum freut sich Karl so sehr? Vergleiche hierzu sein Lieblingszitat mit den Flügeln auf Seite 24.

2. Karl befindet sich an seinem Lieblingsplatz am alten Fluss. Dort fängt er eine Kröte (S. 66–67). Zeichne in dein Heft oder Lesetagebuch Karl mit der Kröte am alten Fluss und füge seine Gedanken als Gedankenblasen hinzu.

3. Schlage nach, was Karl über den »Sumpf« sagt. Notiere dir Stichworte. (S. 41, S. 66)

4. a) Was haben alle diese Bilder und Vergleiche gemeinsam? Zähle auf.

   b) Stelle Vermutungen an: Warum werden vor allem Bilder und Zitate aus der Natur gebraucht?

Sprinter-Aufgabe

Erfinde einen weiteren Vergleich aus der Natur, der zu Karl passt, und beschreibe diesen Vergleich aus der Sicht Karls.

»Der Fortschritt ist gnadenlos«

1. Welche Figur sagt dieses Zitat?

Zitat	Figur	Textbezug
a) Der Fortschritt ist gnadenlos.		
b) Sie sind am 15. November 1999 geboren.		
c) Alles ist besser als die Ungewissheit und Leere.		
d) Ich spende zum ersten und zum letzten Mal und nicht wegen des Geldes, obwohl wir es natürlich gut gebrauchen können.		
e) Wer oder was ist noch normal?		
f) Sie überschätzen sich und unterschätzen mich.		
g) Ja, Karl, wir wussten, dass du ein IV-Kind bist. Und nur in dem Punkt waren wir nicht ehrlich.		
h) Das große gelbe H steht für heimlich.		
i) Er hat mir später oft gesagt, dass das Zusammensein mit mir sehr viele Fragen in ihm aufrührt.		
j) Ich habe langsam fester zugedrückt.		

2. Lege ein Mindmap der Figurenkonstellation an. Setze Karl dazu in die Mitte. Ordne die anderen in verschiedenen Ästen drum herum und erläutere jeweils kurz im Mindmap, wie sich die Beziehung der Figuren zu Karl darstellt.

Sprinter Aufgabe
Färbe die Namen der Figuren im Mindmap mit den Farben ein, die deiner Meinung zu Ihnen passen. Begründe deine Farbauswahl.

Tipp

Hilfe zu Aufgabe 1
Seiten, auf denen die Zitate stehen (einige Seitenzahlen bleiben übrig): 17 • 25 • 29 • 32 • 36 • 37 • 41 • 52 • 57 • 58 • 60 • 65 • 66 • 72 • 77

Hilfe zu Aufgabe 2
Figuren: Karl Meiberg • Sarah Haug • Dietrich Meiberg • Anna Meiberg • Dagmar Bruhns • Franziska Dehmel • Fabian • Dr. Johannes Plötz • Prof. Rüdiger Wald • Katharina Treu • Beamtin des Bürgerzentrums • Gunther Pohl • Michael Timm • U-Boot • Hacker • 1 KG/AU

»Ich weiß jetzt, wer meine leiblichen Eltern sind!«

Karl findet heraus, wer seine biologischen Eltern sind, und konfrontiert Anna und Dietrich im Beisein von Sarah damit …

1. Lies dieses Kapitel aufmerksam durch und notiere möglichst viele subjektive Kommentare am Textrand, die dir spontan beim Lesen einfallen. Das können Bewertungen, eigene Erfahrungen oder auch Fragen sein, die du dir beim Lesen stellst. Ganz sicher fallen dir auch mögliche Gedanken und Gefühle der Figuren selbst ein. Hier siehst du den Anfang mit einer Kommentarspalte als Beispiel:

Kommentare von Daniela	Text
mutig! »Oh mein Gott, er weiß es!« Sonntag!!! Aufbruch »War das richtig?«	»Ich weiß jetzt, wer meine leiblichen Eltern sind!«, schleuderte Karl Meiberg seinen verdutzten Adoptiveltern entgegen, als sie beim Frühstück zusammensaßen. Es war der letzte Sonntag im Mai 2016. Auch Sarah war dabei, denn sie hatte bei Karl übernachtet. Die beiden hatten abgesprochen, dass sie sich zurückhalten würde, ihm sollte sie alles überlassen. Aber es beruhigte ihn ein wenig, dass Sarah in der Nähe war.

2. Sprecht (z. B. in Partner- oder Gruppenarbeit) über eure individuellen Kommentare und Leseweisen. Wo gibt es Übereinstimmungen? Wo Unterschiede?

3. a) Im Gespräch übernehmen die vier in den unterschiedlichen Gesprächsphasen verschiedene Rollen. Sprecht darüber, wer welche Rolle einnimmt. Begründet eure Meinung am Text.

b) Bei dem Streitgespräch prallen verschiedene Standpunkte und Erwartungen aufeinander. Füge in ein Schaubild (s. Vorlage) mit grün die Standpunkte ein und mit rot die Erwartungen.

Sprinter-Aufgabe

Karl ist gegangen. Anna, Dietrich und Sarah unterhalten sich schockiert über die Auseinandersetzung. Schreibe dieses Gespräch auf.

Tipp

Hilfe zu Aufgabe 3

rationale Verteidiger • emotionaler Verteidiger • Ankläger • Opfer • Vermittler • Zuschauer • …

»Er ist intelligent und aufgeweckt«

1. Sowohl Dietrich (S. 107–110) als auch Anna (S. 83–88) werden von Franziska interviewt. Erstelle in deinem Heft bzw. Lesetagebuch eine Tabelle, in der du die jeweiligen Aussagen der beiden stichwortartig gegenüberstellst. Folgende Fragen sollten in deiner Tabelle auftauchen:

Was war Ihrer Meinung nach der Streitpunkt mit Karl?	Wie sehen Sie sich als Eltern?	Was sagen Sie, wie sie zu Karl stehen?
Welche Erklärung haben Sie für Karls Gefühlskälte?	Was denken Sie über Karls Suche?	Ihre Meinung zum Thema biologische Eltern und Leihmutter.
Fühlen Sie sich manchmal schuldig?	Was war Ihre Reaktion am Ende des Gesprächs mit Karl?	Was denken Sie über das Verhalten Ihrer Frau/Ihres Mannes?

Info

Typisch weiblich – typisch männlich!?: Geschlechterrollen

Was ist typisch weiblich? Was typisch männlich? Verhaltensunterschiede zwischen Frauen und Männern füllen heutzutage Zeitschriften, TV-Sendungen, Comedy-Programme und viele wissenschaftliche Lehrbücher. Unter Geschlechterrolle oder Geschlechtsrolle versteht man die Verhaltensweisen, die in einer Gesellschaft für ein bestimmtes Geschlecht als typisch oder normal gelten. Geschlechterrollen unterscheiden sich stark zwischen verschiedenen Kulturen und wandeln sich ständig. Erstaunlich ist, dass wir häufig denken, Geschlechterrollen seien »natürlich« und damit unveränderlich. Das stimmt aber nicht.

Bis vor einigen Jahrzehnten war es in unserer Gesellschaft normal, dass der Mann höherwertig als die Frau war. In dieser Geschlechterrolle mussten Männer die Oberhäupter und Ernährer der Familie sein, waren aktiv und rational, d. h. vernunftbestimmt, ausgerichtet. Fehler suchten sie eher bei anderen. Frauen mussten in ihrer Geschlechterrolle einem männlichen Beschützer unterworfen sein, waren zuständig für die sozialen Bindungen innerhalb der Familie, waren eher passiv und emotional sowie ausgleichend bei Konflikten. Fehler suchten sie eher bei sich selbst. Diese traditionellen Geschlechterrollen wurden früher (und werden noch immer) häufig mit religiösen Argumenten zu belegen versucht, dass die Frau dem Manne untertan sei. Darüber hinaus wird oft die Evolution ins Feld geführt: In frühen menschlichen Kulturen seien die Männer nach draußen auf die Jagd gegangen, während die Frauen daheim bei den Kindern blieben und Nahrhaftes sammelten (»Jäger und Sammler«). Aber auch biologische Argumente spielen eine Rolle: Unterschiede in der Bauart des Gehirns oder die weitverbreiteten Geschlechterrollen im Tierreich.#

Seit ungefähr 40 Jahren sind diese traditionellen Geschlechterrollen bei uns in den westlichen Industriestaaten ins Wanken geraten. Mädchen und Frauen können auch aggressiv sein und bei der Partnerwahl die Initiative ergreifen. Oder sie ernähren, beruflich erfolgreich, ihre Familie alleine. Männer können auch sensibel sein, sich zu Hause um Haushalt und Kinder kümmern oder öffentlich weinen. Auffallend ist trotzdem, dass die weibliche Geschlechterrolle eine weit größere Bandbreite hat als die männliche.

2. Kannst du typisch männliche und weibliche Verhaltensweisen bei Anna und Dietrich erkennen? Belege deine Einschätzung mit Stellen des Textes.

3. Schreibe einen Kommentar, in dem du Annas und Dietrichs Argumente zum Thema Elternschaft darlegst und anschließend bewertest. Was hat deiner Meinung nach mehr Gewicht: die genetischen Eltern, die sozialen Eltern oder die neun Monate Schwangerschaft?

»Ich züchte höchstens Rosen«

A) Professor Wald und seine Arbeit

Eine zentrale Funktion in Karls Leben fällt Professor Wald zu. In drei Schritten analysierst du Wald und seine Ansichten.

Professor Wald war in der Ethikkommission, die sich mit dem Embryonenschutz befasste, und gab ein Sondervotum ab, das folgende Punkte umfasst:

- Er tritt für die Embryonenforschung ein. Als Grenze für die Forschung überträgt er das Kriterium »Hirntod« (= Erlöschen der Großhirnfunktion = des Bewusstseins) auf den Beginn des Lebens. Nach der dritten Woche beginnt sich das Gehirn zu entwickeln. Deshalb tritt er für eine Forschung an Embryos bis höchstens zum 28. Tag nach der Befruchtung ein.
- Er denkt, dass ein Verbot der Leihmutterschaft nur sinnvoll ist, wenn das Ausland mitzieht, da sonst ein »Leihmuttertourismus« in anderen Ländern entsteht (vgl. S. 88–91).

1. Verfasse aus der Sicht von Professor Wald einen Leserbrief oder Zeitungsartikel, der versucht, die Leser auf seine Seite zu bringen.

2. Sammle in einer Tabelle Argumente für und gegen Walds Theorien. Schreibe einen Kommentar zu Walds Votum, in dem du deine eigene Meinung dazu darlegst.

Tipp: Dies kann auch arbeitsteilig bearbeitet werden. Sinnvoll wäre es dann, die verschiedenen Arbeitsergebnisse auf Folie festzuhalten und so den anderen zu präsentieren, damit alle zum Schluss Aufgabe 9 bearbeiten können.

B) Karl trifft Professor Wald

3. Lies Karls Tagebucheintrag vom 15. August 2016 (S. 94–97). Finde für die Abschnitte Überschriften.

4. Markiere die Sätze rot, in denen Karl sagt, er habe versagt.

5. Diskutiert: Verrennt sich Karl in die Suche?

6. Wahlaufgabe: Bearbeite eine der beiden Aufgaben.
   a) Schreibe die Begegnung aus Walds Sicht.
   b) Schreibe die Begegnung um. Professor Wald hat sein Hörgerät nicht vergessen und führt mit Karl ein Gespräch.

C) Gespräch mit Franziska

7. Schreibe als du selbst einen Brief an Prof. Wald und kommentiere dessen Aussagen zu Karl und der Genforschung.

Das ist Professor Wald!

8. Wahlaufgabe: Bearbeite eine der beiden Aufgaben.
   a) Stelle Professor Wald in der wissenschaftlichen Zeitschrift »Wissenschaft und Verantwortung« vor. Erzähle über seine Erfolge, seine Einstellung und schreibe deine eigene Meinung dazu.
   b) Stelle Professor Wald mit »Foto«, das du zeichnest, auf einem Plakat vor.

Der Homunculus: das »Menschlein«

Franziska möchte zu ihrem Artikel über Karl einen Informationskasten schreiben. Dieses beginnt sie mit einem Zitat aus Johann Wolfgang Goethes »Faust«. In dieser 1808 veröffentlichten Tragödie erschafft Dr. Wagner im Labor einen Menschen, der im Reagenzglas entstanden ist.

1. Lies zuerst Seite 118/119 und dann die drei Info-Kästen.

Info

Goethes »Faust«: Worum geht es da?
Dr. Heinrich Faust, ein Forscher und Lehrer, blickt auf sein Leben zurück und erkennt, dass er als Wissenschaftler keine wirkliche Einsicht in den Lauf der Dinge erhalten hat und dass er als Mensch nicht fähig ist, das Leben zu genießen. Parallel dazu schließt Mephistopheles (Mephisto), ein Teufel, eine Wette mit dem Schöpfer ab: Er wettet, dass es ihm gelänge, Faust vom rechten Weg abzubringen. Dies wäre auch der Fall, wenn Faust einen Augenblick so schön fände, dass er ihn auf ewig festhalten wolle. Mephisto erscheint dem verzweifelten Faust und dieser verspricht ihm seine Seele, falls es Mephisto gelingen sollte, ihn aus seiner Unzufriedenheit zu befreien.

Info

Der Homunculus im »Faust«
Mephisto trifft in Dr. Wagners Laboratorium ein, als dieser gerade in einer Gasflasche einen künstlichen Menschen erzeugt hat. Dieser künstliche Mensch beginnt zu sprechen und nennt Wagner »Väterchen« und den Teufel Mephisto »Herr Vetter«. Der nicht an seinen Körper gebundene Homunculus zeigt Faust und Mephisto den Weg in die Antike.

Info

Homunculus
Der Begriff Homunculus kommt aus dem lateinischen, heißt übersetzt »Menschlein« und meint einen künstlich geschaffenen Menschen. Diese Idee vom künstlich erschaffenen Menschen kam vor allem im Spätmittelalter auf, allerdings erscheint der Homunculus oft als dämonischer Helfer geisterhafter Praktiken. Dieses Motiv wurde mehrmals in verschiedenen literarischen Werken aufgenommen, auch um den Zwiespalt zwischen Mensch (Natur) und moderner Technik aufzuzeigen.

2. Schreibgespräch:
Notiere die folgenden Fragen mit großem Abstand auf ein Blatt. Beantworte eine oder zwei Fragen selbst. Schreibe deinen Namen darauf und gib das Blatt an deinen Nachbarn weiter (am besten alle mithilfe eines Signals gleichzeitig). Der kann nun die Fragen beantworten, deine Antworten ergänzen oder seine Meinung zu deinen Antworten schreiben. Danach gibt er das Blatt weiter und der nächste beantwortet, ergänzt oder kommentiert usw.

Fragen:
- Was möchte Wagner mit diesem Experiment bezwecken?
- Wo erkennst du Parallelen zwischen Karl und Wald sowie Wagner und dem Homunculus?
- Wie erklärst du dir, dass der Homunculus häufig mit dämonischen und teuflischen Dingen in Verbindung gebracht wird?

»Ethik steht nicht still«

1. Beschreibe den Cartoon.

Info
Ethik (griechisch: Sittenlehre) beschäftigt sich mit den Werten und Anschauungen eines Menschen. Dabei fragt man nach den Gründen und Folgen von Handlungen oder Einstellungen.

2. Der Satz »Ethik steht nicht still« wird von verschiedenen Protagonisten benutzt. Schlage im Roman nach und erläutere, wer den Satz wann und in welcher Situation gebraucht.

Figur und Seite	In welcher Situation wird der Satz gesagt?	Was will die Figur damit wirklich sagen?
Dagmar Bruhns (S. 46)		
Karl (S. 68)		
Prof. Wald (S. 129)		
Prof. Wald (S. 132)		

3. Diskutiere: Wo sollte Ethik vielleicht stillstehen? Soll man alles tun, was möglich ist? Ist Klonen generell schlecht oder kommt es auf das Ziel an? Lies dazu auch Charlotte Kerners Statement im Interview mit ihr (vgl. **i.2.**)

4. Spielt eine Talkshow zum Thema »Klonen«. Überlegt, welche Rollen dafür nötig sind (Moderator, Theologe, Politiker, Philosoph, Jurist, Wissenschaftler, Gäste ...) und bereitet euch mithilfe der bisherigen Arbeitsblätter und Recherchen im Internet darauf vor.

Sprinter-Aufgabe
Wie siehst du die Genforschung? Schreibe die deiner Meinung nach wichtigsten Argumente für das »Für und Wider« auf und beziehe anschließend selbst Stellung.

Was Sprache alles kann

1. Wortwahl und Sprachstil sind zentrale Merkmale eines Textes. Hier sind einige sprachliche Mittel aus »Geboren 1999« aufgelistet. Ordne den Begriffen die jeweils passende Erklärung und die Beispiele aus »Geboren 1999« zu.

- Rhetorische Frage – A
- Metapher – C
- Epipher – E
- Wortspiel – G
- Alliteration – I
- Vergleich – B
- Ellipse – D
- Personifikation – F
- Oxymoron – H
- Neologismus – J

Erklärungen

- ◯ Verkürzter Satz durch Auslassung von Wörtern
- ◯ Wiederholung eines Wortes oder einer Wortgruppe am Satzende
- ◯ Stabreim: Mehrere Wörter beginnen mit dem gleichen Buchstaben und werden damit betont
- ◯ Worte mit gegensätzlicher Bedeutung werden verknüpft
- ◯ Wortneuschöpfung, Neubildung eines Wortes
- ◯ Geistreiches Spielen mit Ausdrücken
- ◯ Vermenschlichung lebloser Dinge
- ◯ Ein Wort oder eine Wortgruppe wird aus dem eigentlichen Bedeutungszusammenhang in einen anderen übertragen
- ◯ Bildhafter Hinweis auf einen Bereich (Vergleichswort: wie)
- ◯ Scheinfrage: eine Antwort wird nicht erwartet oder ist schon vorgegeben

Beispiele

- ◇ Er lag da wie ein Fötus im Mutterleib. (S. 139)
- ◇ Kalter Karl (S. 53)
- ◇ Der Fortschritt ist gnadenlos (S. 25)
- ◇ Jemand hat gehandelt. Sie haben gehandelt. Menschen handeln. Menschenhandel. (S. 73)
- ◇ Über 360 Vorschläge gingen ein. Darunter waren Begriffe wie Parababy und Außendkind, Stetzling, Typenkind, Künstling und Neuzeitkind. (S. 21)
- ◇ Wer bin ich? Woher komme ich? Von wem habe ich diese grauen Augen? (S. 9)
- ◇ Stumme Schreie gegen den blauen Himmel. (S. 98)
- ◇ Da ist er total eingefroren (S. 37)

2. Suche dir mindestens fünf Beispielsätze von oben heraus und erläutere, was das Stilmittel im Hinblick auf den Text leistet.

Sprinter-Aufgabe

Suche weitere sprachliche Mittel in »Geboren 1999«. Schreibe sie mit Seitenangabe heraus.

Lösungsvorschläge zu einzelnen Aufgaben

k.4: »Menschen bauen?!«
Aufgabe 1:
1 – C • 2 – B • 3 – G • 4 – F • 5 – E • 6 – A • 7 – D

k.5: Sarah kommt zu Wort
Aufgabe 1:
a) nein, Sarah hat einen Kurzhaarschnitt • b) richtig • c) nein, denn acht Tage nach Karls Verschwinden, am 13.12.2016, nimmt Franziska das Tonbandgespräch mit Sarah auf. Das heißt, Karl ist am 8.12.2016 verschwunden • d) richtig • e) nein, er hat es nie gesagt, Sarah hat es aber gespürt • f) richtig • g) richtig • h) richtig • i) nein, »zerrissen« hat er verwendet • j) nein, Karl kann nicht weinen • k) richtig

k.7: Wer sagt was?
Aufgabe 1:
a) Franziska • b) Dr. Plötz • c), d) Katharina Treu, Karls biologische Mutter, Karl • e) Franziska • f) S. 126 • g) Dietrich • h) Karl • i) Sarah • j) Karl

k.9: Dietrich und Anna kommen zu Wort
Aufgabe 1:

	Anna (S. 83–88)	Dietrich (S. 107–110)
Was war ihrer Meinung nach der Streitpunkt mit Karl?	Dass sie Karl verschwiegen hätten, dass er ein IVF-Kind sei.	Dass sie Karl die Herkunft genommen und seine Wurzeln abgehackt hätten.
Wie sehen sie sich als Eltern?	Sieht sich als gute Mutter. Hat wegen Karl halbtags gearbeitet.	Er sieht sich und Anne als gute Eltern.
Was sagen sie, wie sie zu Karl stehen?	Sie liebe Karl sehr.	Er liebe Karl. Möglicherweise habe er ihm das zu wenig gezeigt. Erklärung: Männer dürfen keine Gefühle/Schwäche zeigen.
Welche Erklärung geben sie für Karls Gefühlskälte?	Jeder ist anders. Nicht jeder zeige seine Gefühle. Er komme nach Dietrich, der auch so sei. Manchmal habe sie dieses Verhalten jedoch verletzt.	Es läge an ihm, er sei selbst so zurückhaltend gewesen. Außerdem zähle das Ergebnis und Karl sei ja in Ordnung.
Was sagen sie zu Karls Suche?	Anna ist verletzt, dass Karl hinter ihrem Rücken gesucht hat.	Durch das Erwachsenwerden und die erste Liebe lasse sich die Suche erklären.
Ihre Meinung zum Thema biologische Eltern und Leihmutter	Sie sei seine Mutter 17 Jahre lang. Im Vergleich zählen neun Monate da kaum.	Gene zählen mehr als die »lächerlichen« neun Monate.
Ihre Reaktionen am Ende des Gesprächs	Hat Angst um Karl und weint.	Gibt Franziska die Schuld an der eigenen Entfremdung von Karl und dessen Verschwinden.

k.14: Was Sprache alles kann
Aufgabe 1:
Rhetorische Frage • **Erklärung:** Scheinfrage: eine Antwort wird nicht erwartet oder ist schon vorgegeben • **Beispiel:** Wer bin ich? Woher komme ich? Von wem habe ich diese grauen Augen? (S. 9)
Epipher, Ellipse und **Wortspiel** • **Erklärungen:** Epipher: Wiederholung eines Wortes oder einer Wortgruppe am Satzende; Ellipse: Verkürzter Satz durch Auslassung von Wörtern; Wortspiel: Geistreiches Spielen mit Ausdrücken • **Beispiel:** Jemand hat gehandelt. Sie haben gehandelt. Menschen handeln. Menschenhandel. (S. 73)
Neologismus • **Erklärung:** Wortneuschöpfung, Neubildung eines Wortes • **Beispiel:** Über 360 Vorschläge gingen ein. Darunter waren Begriffe wie Parababy und Außendkind, Stetzling, Typenkind, Künstling und Neuzeitkind. (S. 21)
Personifikation • **Erklärung:** Vermenschlichung lebloser Dinge • **Beispiel:** Der Fortschritt ist gnadenlos. (S. 25)
Metapher • **Erklärung:** Ein Wort oder eine Wortgruppe wird aus dem eigentlichen Bedeutungszusammenhang in einen anderen übertragen • **Beispiel:** Da ist er total eingefroren. (S. 37)
Vergleich • **Erklärung:** Bildhafter Hinweis auf einen Bereich (Vergleichswort: wie) • **Beispiel:** Er lag da wie ein Fötus im Mutterleib. (S. 139)
Alliteration (Stabreim) • **Erklärung:** Mehrere Wörter beginnen mit dem gleichen Buchstaben und werden damit betont • **Beispiel:** Kalter Karl (S. 53)
Oxymoron • **Erklärung:** Worte mit gegensätzlicher Bedeutung werden verknüpft • **Beispiel:** Stumme Schreie gegen den blauen Himmel. (S. 98)